1時間でわかる

株価チャートの読み方

戸松信博
Nobuhiro Tomatsu

技術評論社

はじめに

株価チャートは株式投資において欠かせないツール

ニュースでは、老後は年金だけでは生活できない、「老後資金2000万円必要」などと暗い話題が連日報道され、老後のための資産形成を自らの手で行わなければと考えている人が増えているのではないでしょうか。しかし、2000万円という金額は貯金だけで貯めるにはあまりにも大きすぎる金額です。そこで、ある程度まとまった資金で株式投資を行って資金形成をしたいと考えているけど、株式投資をするためには何から始めればよいのかわからないという人も多いと思います。

株式投資の第一歩は「株価チャートを読めるようになる」ことだと思います。

株価チャートとは、過去の株価の推移をグラフで表したものです。株価チャートを見ることによって現在の株価水準が過去の水準と比べて高いのか、低いのかという比較ができますので、株を売買する際の値ごろ感などがわかります。株価チャートとは、いわば投資という冒険に出るための地図のような存在であり、株式投資において欠かせないツールといえるでしょう。

しかし、どんなに優秀な地図を持っていたとしても、その読み方や使い方がわからなければ何の役にも立ちません。チャー

トの読み方について勉強しようと思っても、書店に並ぶ多くの本は経験者向けの詳しい専門書ばかりで、なぜ株価チャートを見る必要があるのか、あるいはローソク足とは何なのか？　といった、株価チャートを見るうえでの教科書的な書籍が日本にはそれほど存在しなかったように思います。

　そこで本書では、株式投資を始めたい初心者へ向けて、株価チャートとは一体何かといった基本から解説し、最終的に株価チャートを見て相場がどうなっているのか判断する実践的なチャートの使い方を紹介しています。

　本書の構成は、第1〜3章ではそもそも株式投資とは何か、株価チャートを構成する基本要素であるローソク足や出来高などの説明、株価の基本的な値動きのパターンなど、株価チャートの基本を解説しています。第4章ではチャートパターンはどのようにして動くのかというセオリーを、理由とともに説明し、第5章では総まとめとして、株価チャートの実例を多数取り上げて、実際にどのように株価が動いたのかとセオリーの対比分析をしていき、どのようになったら買えばよいのか、あるいはどのタイミングで売ればよいのかについて解説しています。

　本書を活用することで株式投資の第一歩を踏み出すきっかけとなれば、これに勝る喜びはありません。

2019年9月末日

戸松信博

contents

はじめに　　　　　　　　　　　　　　　　　　　　　　　2

投資の前に知っておきたい チャートの基本

01 どうして株価は動くのか？　　　　　　　　　　　　12

02 株価チャートって何がわかるの？　　　　　　　　　16

03 何のために株価チャートを見る？　　　　　　　　　20

04 チャートだけ見れば売買できる？　　　　　　　　　24

Column 1　予想は60〜70％の精度でよい　　　　　　　　28

2章 概要 チャートを構成する基本要素

01 チャートを構成する基本要素とは？ 30

02 株式チャートは縦軸と横軸でできている 34

03 ローソク足の実体が表すこと 38

04 ローソク足のヒゲが表すこと 40

05 ローソク足のかたち① ピンバー 42

06 ローソク足のかたち② 大引け坊主 44

07 基本要素① ローソク足でわかること 46

08 基本要素② 出来高でわかること 50

09 基本要素③ 移動平均線でわかること 54

10 基本要素④ 移動平均線の意味 58

11 支持線と抵抗線って何？ 62

Column 2 移動平均線でトレンドに乗ろう 64

3章 概要 基本的な値動きの見方

01	ローソク足にはパターンがある	66
02	ローソク足のパターン 酒田五法とは？	70
03	酒田五法① 三山	72
04	酒田五法② 三川	74
05	酒田五法③ 三空	76
06	酒田五法④ 三兵	78
07	酒田五法⑤ 三法	80
08	グランビルの法則から考える買いのサイン	82
09	グランビルの法則から考える売りのサイン	86
10	トレンドに乗るにはどうするの？	90

11	移動平均線のパターンからわかること	94
12	トレンドラインでトレンドを判断する	98
13	支持線と抵抗線からわかること	102
14	チャートを見て銘柄を判断する	106
Column 3	テクニカル指標の種類	110

4章 理論 チャートパターンのセオリー

01	株価が急上昇する上放れ	112
02	売り切るまでの値幅 値幅調整と日柄調整	116
03	上昇を示唆するカップウィズハンドル	120
04	ダブルトップとダブルボトム	124

05 トレンドが終わるヘッドアンドショルダー　128

06 値幅を縮めながら上下する三角持ち合い　132

07 三角持ち合いの変化形 上昇・下降ウェッジ　136

Column 4　RSIを使ってみよう　140

5章 実践　売買のタイミング ケーススタディ

01 売買のタイミング① ローソク足から判断　142

02 売買のタイミング② グランビルの法則　146

03 売買のタイミング③ 調整を利用する　150

04 売買のタイミング④ トレンドラインを引く　154

索引　158

著者プロフィール　159

―――――――――――― ［免責］ ――――――――――――

本書に記載された内容は、情報の提供のみを目的としております。したがって、本書を用いた運用は必ずお客様自身の責任と判断によって行ってください。これらの情報の運用の結果について、技術評論社および著者はいかなる責任も負いません。

木書記載の情報は、2019年8月30日現在のものを掲載していますので、ご利用時には、変更されている場合もあります。また、一部、編集部で独自に集計して算出している数値があります。

最新の情報が異なることを理由とする、本書の返本、交換および返金には応じられませんので、あらかじめご了承ください。

以上の注意事項をご承諾いただいたうえで、本書をご利用願います。これらの注意事項に関わる理由に基づく、返金、返本を含む、あらゆる対処を、技術評論社および著者は行いません。あらかじめ、ご知知おきください。

―――――――――― ［商標・登録商標について］ ――――――――――

本書に記載した会社名、プログラム名、システム名などは、米国およびその他の国における登録商標または商標です。本文中では、™、®マークは明記しておりません。

1章

概要

投資の前に知っておきたいチャートの基本

この章では、株価チャートとは何か、そして株価チャートを構成する基本的な要素の名称や、それがどのようなことを表しているのかを解説していきます

概要

01

1章　投資の前に知っておきたいチャートの基本

どうして株価は
動くのか?

値動きは買売したい人のバランスで決まる

　株式投資とは、利益の獲得を目的に、会社の発行している株式を売買（トレード）することをいいます。株式投資というと難しいイメージがある人も多いと思いますが、値動きのしくみや、それを表すチャートを理解することができれば、株式投資に対するイメージが変わると思います。ここでは、まず株の値段である「株価」は、なぜ変動するのかを解説していきます。

　株式は売りたい人と買いたい人がいて、それぞれが合意する値段と株式数が合致すると、売買が成立します。このときの値段が株価です。日本最大の証券取引所である東京証券取引所では午前9時から午後3時まで取引が行われており、その間、株価は随時動いていきます。

　なぜ株価が動くのかというと、株価は株を買いたい人が多いと上昇しやすくなり、株を売りたい人が多いと下落しやすくなるからです。

　では、買いたい人や売りたい人が増減する直接的な原因とは何でしょうか？　答えはその会社の「ファンダメンタルズ」と「需給バランス」にあります。

　ファンダメンタルズとは、売上や利益がどのくらい成長しているのか、資産や負債がどのようになっているのか、事業内容に魅力的があるかどうかなど、その企業の経営状態のことを指します。ファンダメンタルズがよい会社ほど利益を生み出す可能性が高いのです。

ファンダメンタルズとは？

ファンダメンタルズとは、会社の基本的な**経営状態**のこと
具体的には、

- 売上や利益がどのくらいか
- 資産や負債はどのくらいあるか
- 事業内容が魅力的か
  などから判断する

**ファンダメンタルズがよいと
会社が利益を生み出す可能性が高い！**

ファンダメンタルズのよい銘柄を買えば、
自分の利益も生まれやすい

PERの計算方法

〈PERの計算式〉

〈PERの算出例〉

1株2400円、1株あたりの純利益（EPS）が200円の銘柄AのPER

銘柄AのPERは**12倍**

1章 投資の前に知っておきたいチャートの基本

株価が割安なのかを示すPER

　また、株価がどれぐらい割安なのか、割高なのかを示すもっとも有名な指標の1つが**PER（株価収益率：1株あたりの利益の何倍の水準で取引されているかという指標）**です。PERの算出方法は、「PER＝株価÷1株あたりの純利益（EPS）」で計算できます。

　業種や会社の内容、成長率などによって会社ごとに適切なPERは変わってきますが、株式市場の平均PERは15倍といわれています。

　例えば、ファンダメンタルズがよく毎年20%の利益成長をしている銘柄があると仮定します。1株あたり純利益が100円、PERが15倍、つまり株価は1500円で取引されていて、PERが変わらなかった場合、4年間での成長は「1株あたりの純利益100円×1.2×1.2×1.2×1.2＝207.36円」、株価は「207.36円×15倍＝3110円」となるので、株価の成長は約2倍になることがわかります。

ファンダメンタルズがよいと値上がりしやすい

　つまり、業績の伸び率は株価に直結するので、ファンダメンタルズがよい会社は人気が集まりやすいわけです。

　また、上場している株式会社は株主に対して利益の一部から配当や株主優待などを出したり、自社株買いを行って株主還元をしようとします。もちろんそれらが行われれば株価は上昇しやすくなりますので、その意味でもファンダメンタルズのよい銘柄は人気が出やすいのです。

　一方、需給バランスは単純に買いたい人と売りたい人の割合で決まります。需給バランスは最終的にはファンダメンタルズによって決まりますが、短期的には、**話題のテーマに関連する銘柄だから上がりそうだとか、急激に上がったから一旦下がりそうだ、といった投資家の思惑が需給バランスを決めることもあります。**

ファンダメンタルズと株価の関係

株式会社Aのファンダメンタルズ

- 1株あたりの純利益は100円
- 株価1500円、PER15倍
- 4年連続20%の利益成長

➡ **ファンダメンタルズがよい**

4年間での成長

= 1株あたりの純利益207.36円

株価の成長

| 207.36円 | × | 15倍 | = | 3110円 |

株価は4年前と比べて**約2倍**に！
ファンダメンタルズがよいと、
株価上昇の起因になりやすい

概要

02

1章　投資の前に知っておきたいチャートの基本

株価チャートって
何がわかるの？

チャートは値動きを予想できるツール

　株式投資で利益を出すしくみは、簡単にいうと、安いときに株を買って高くなったら株を売ることで、その差額が利益となります。ですので、株をいつ買うのか、いつ売るのかという判断が重要なポイントとなるわけです。売買のタイミングを判断するためには、現在の株価から今後の株価がどのように動いていくのかを知りたいわけですが、12ページで解説したファンダメンタルズとその日の株価だけで値動きを予想するのは難しいものです。

　そこで、値動きの予想をするのに必要なのが株価チャートです。**株価チャートとは、株価がどのように推移しているのかを観測するために、株価やさまざまな指標を示した図表のこと**をいいます。株価チャートを見ることで、今までどのように株価が推移してきたのか、過去の株価は大体この値段より下には下がらないな、この値段まで上昇したら下落する傾向があるな……などの情報から、値動きのパターンや習性を読み解いて、将来の株価予想の判断材料とすることができるのです。

　株価チャートをうまく読み解くことができれば、気になる銘柄があったときに売買するタイミングや、それとも売買せずに待ったほうがよいのかを判断できるので、利益につながる可能性が高くなるのです。もちろん、プロの投資家たちも判断材料のひとつとして株価チャートを利用していますので、投資を行ううえでは、重要なツールとなっています。

株価チャートから売買を判断するまでの流れ

株価チャートが表すことを把握する

ローソク足 ➡ ある一定時間別の株価
出　来　高 ➡ どれだけの取引があったか
移動平均線 ➡ 過去のある一定した日数分の株価平均値

過去のチャートを見る

過去の数値やグラフのかたちから、**値動きのパターンや習性を読み解く**

- ここまで上昇したら下落する傾向がある……
- 横ばいがこれだけ続いたら上昇しやすい……

今と過去のチャートを見比べる

過去のパターンや修正と似ている状況があれば、その後の値動きも同じような動きをする確率が高いと予想し、**売買のタイミングを判断**をする

1章 投資の前に知っておきたいチャートの基本

日本ではローソク足が使われている

　日本で使われる株価チャートはローソク足と呼ばれるチャートです。ローソク足の株価チャートは主にローソク足、出来高、移動平均線という３つの要素から構成されています。

　ローソク足はある期間の値動きを表したもので、ローソク足１つが１日を表したものを日足チャート、１週間を表したものが週足チャート、１カ月を表したものを月足チャートと呼びます。それ以外に１時間を表す１時間足チャートや、１分間を表す分足チャートなどもあります。

　出来高は、ある期間で何株取引されたかを示すものです。ローソク足の下に棒グラフで表示されていて、グラフの長さは取引の数を示しています。**移動平均線は、過去のある一定した日数分の株価平均値を線で表したものです。**

株価チャートはサイトで確認できる

　株価チャートにはこれらのほかにも数多くの指標が存在しますが、ローソク足、出来高、移動平均線の３つだけでも多くの情報を読み取ることができ、株価が上昇傾向にあるのか、下落傾向にあるのか、それとも横ばいなのか、を判断することができるでしょう。

　ところで、株価チャートはどこで確認するのかというと、基本的には**口座を開いている証券会社のホームページで確認できます。**

　また、Yahoo! ファイナンスのホームページでチャートを見ることもできます。もう少し詳しいチャートを見たければ、「テクニカル分析用多機能チャート」というサービスを無料で利用することも可能です。「テクニカル分析用多機能チャート」は、複数のテクニカル指標を同時に表示できるなど、利便性が高いのでおすすめです。

ローソク足のチャート

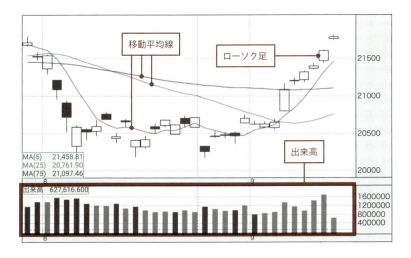

株価チャートを見ることができるサイト

●YAHOO! ファイナンス

YAHOO!ファイナンスのトップ画面(https://stocks.finance.yahoo.co.jp/)

1章 投資の前に知っておきたいチャートの基本

概要 03

1章　投資の前に知っておきたいチャートの基本

何のために 株価チャートを見る？

長期のチャートを見て割安かを判断

　チャートを見る理由は将来の株価予想の判断材料にするためといいましたが、ここではもう少し具体的なチャートの見方と判断方法を解説していきます。

　一番簡単な株価チャートを使った売買のタイミングを判断する方法は、**過去10年間のチャートを見て、過去の株価推移のなかで現在の株価が割安か割高かの目途をつける**方法です。「今までのチャートからすると、このぐらいの株価水準のときに買えば勝つ確率が高かったから、ここまで株価が下がったら買おう」と判断するわけです。

　成長している企業の場合だと、株価の最低株価（底値）のラインが切り上がるので、すべての銘柄でこの手法が使えるとは限りません。

　一方で、10年ぐらいの長期チャートを見ると、一定の値幅で上下動を続けていてこのラインまで株価が下がると毎回反発（上昇）する、逆にこのラインまで株価が上昇してくると、上がり切った状態（天井）になることが多い銘柄は、いくつも存在します。また、銘柄によって特徴的な株価の値動きをしていることもあります。例えば、魅力的な株主優待を株主に進呈している銘柄は、その株主優待の権利がもらえる日まで株価が上昇していき、権利が確定して、次の権利確定の日付が1年後となると、一旦株価は急落し、その後1年をかけてじっくりと上昇していく特徴的な値動きがあります。

20

松屋フーズの10年チャート

〈松屋フーズ(9887)年足 2009年1月〜2019年7月〉

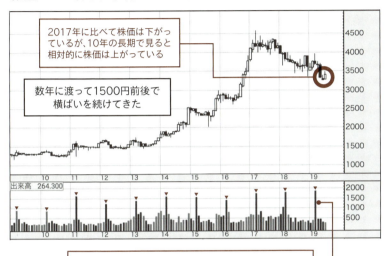

過去のチャートを見ることで、気になる銘柄が過去にどのような値動きをしてきたのか、またその値動きにどのような特徴があるのかを判断することができる

チャートパターンはいくつもある

　このように**銘柄特有のパターンや習性を見抜くことは株価チャートの有効な使い方のひとつです**。そして、各銘柄に共通する株価パターンというのもあります。パターンはいくつかあり、このかたちのチャートになったら今後の株価は上がりやすく、逆にこのかたちのチャートになったら株価が下がるケースが多いといったことがわかります。

　多くの銘柄で見られる代表的なチャートのかたちとして、横ばいの株価チャートが続いてきたのに突如大きな出来高で株価が大きく上昇するケースがあります。大きな出来高をつけて、株価が大きく上昇するということは、それだけ多くの人がその銘柄がよいと考え、その後も上昇すると予想して買いを入れている状況です。このようなチャートパターンは上昇トレンド（今後も上昇する傾向が続く可能性が高いこと）の初期によく見られるパターンで、株価はその後上昇していく可能性が高いといえます。

　一方、株価が上昇してきた銘柄が、さらに急騰したあとに、その急騰を打ち消すほどの急落が発生した場合、急騰したときの株価は天井をつけた可能性が高いと判断できます。このような急落が発生すると、株を持っている人は「このような急落が再び発生するかもしれないから、直近でつけた高値まで株価が再び上昇したら、売ってしまおう」という心理が働くために、株価が上昇すればするほど売り圧力がかかりやすくなるのです。このように**株価と出来高の推移は株を売買している人たちの心理状況を表している**ともいえます。

　チャートパターンについては4章でも紹介していくので、チャートをいくつも見てみて、自分なりに「このかたちになったら株価が上昇しやすい」といったチャートパターンをいくつか覚えてみてください。投資を行ううえでとても強力な武器になります。

チャートからわかる値動きの例

〈ニトリHD(9843)日足 2019年5月〜7月〉

〈オーケストラHD(6533)日足 2019年6月〜7月〉

概要

04
チャートだけ
見れば売買できる？

1章　投資の前に知っておきたいチャートの基本

ファンダメンタルズ分析は成長性に着目

　銘柄の選定方法は大きく分けて「ファンダメンタルズ分析」と「テクニカル分析」の2つがあります。

　まず、ファンダメンタルズ分析による銘柄選定とは、主に企業業績や財務内容から割安な企業を選別して銘柄を選定することです。具体的な方法は2つあります。

　1つ目は企業の成長性に着目することです。例えば「A社が発売した新製品の販売が好調で今期は予想を超える大幅な業績拡大が期待できそうだが、その割には株価が値上がりしていないので、今が買うチャンスだ」と判断します。つまり、将来予想される企業価値（株価）に対して、現在の株価がどのくらい割安なのかを判断し、売買の選択の基準とする銘柄選別方法です。

　2つ目は、現在の株価自体の割安さに注目することです。「B社の1株あたりの純資産は現在の株価の3倍もある。資産を多くもっている優秀な企業の割に株価が安いから（割安だから）、今が買うチャンスだ」と判断します。つまり、現在の企業価値に対して株価がどのくらい割安なのかを判断し、売買の選択の基準とする方法です。

　ほかにも、国内で必要とされる商品を作っており、今後業績もよくなり、成長していくだろうと考えられる企業に注目するのもファンダメンタルズのひとつといえるでしょう。

ファンダメンタルズ分析の分析方法

ファンダメンタルズ分析は、企業の業績や財務内容を見て、企業価値に対して株価がどのくらいかを見て銘柄を判断する

ファンダメンタルズ分析①

A社

- A社が販売した新製品の売上が好調
- ニーズは今後も拡大しそう
- 大幅な業績拡大が期待できる

企業の業績や財務内容から将来の企業価値を予想して現在の株価がどのくらい割安かで判断

ファンダメンタルズ分析②

B社

- 1株あたりの純資産が現在の株価の3倍
- 資産を多くもっている

現在の企業価値に対して現在の株価がどのくらい割安かで判断

テクニカル分析は需給バランスに着目

　一方、**テクニカル分析は過去の株価推移や出来高のパターンから将来の株価を予想して投資銘柄を選定していきます。**

　業界や企業に関わる大きなニュースが出ない限り、企業のファンダメンタルズは毎日変わるものではありません。しかし、ファンダメンタルズによる評価はほとんど変わらないのに対して、株価は日々動きます。株には買いたい人（需要）と売りたい人（供給）が常に存在していて、その需給バランスによって株価が動くからです。

　企業のファンダメンタルズが変わらなくても、例えばＡ社の大株主Ｂ社が事業で失敗してしまい、Ｂ社がどうしても１週間以内に保有するＡ社の株を売る必要が生じた場合には、Ａ社の業績に関係なく売られた株（供給）が増えるので株価は下がりやすくなります。

　また、日本を訪問して買い物をする中国人が急激に増加しているといったニュースがあれば、中国人が買い物をしそうな店舗を運営している企業の株を買う人が増えて株価が上がりやすくなるでしょう。これも需給によって株価が動く一例です。

　このように、翌日や１週間などの短期間で株価に影響を与えるのは、ファンダメンタルズではなく需給バランスが大きく関係しています。

　企業の事業内容や成長性といったファンダメンタルズをいくら分析しても、その銘柄を買いたがっている人、売りたがっている人がどれくらいいるか、銘柄の需給状況はわかりません。しかしテクニカル分析であれば、株価の急激な動きや出来高の急激な変化といった材料から、その後の値動きを察知することが可能です。もしも過去に同じように出来高が急増し、株価が大きく上昇した銘柄が、その後どのような傾向にあったのかがわかっていれば、投資判断に活かすことができるからです。

テクニカル分析の分析方法

テクニカル分析は、過去の株価推移や出来高から将来の株価を予想して投資銘柄を判断する

普段からニュースなどをチェックする
「中国人観光客が急激に増加し、家電製品を爆買いしています。今後も爆買いが続きそうです」というニュースがあった

ニュースに関連する銘柄の値動きを確認する
チャートを見たら、家電量販店や家電メーカーの株価が上がっていた

値動きを予想する
家電量販店の株価は今後も上がりそうだ。化粧品も爆買いの対象になりそうだから、化粧品メーカーの株価も上昇しそうだ

株の売買を判断する
大手家電量販店と化粧品メーカーの株価を買おうと判断する

普段のニュースもテクニカル分析の材料になる

Column 1　チャート分析が難しく感じる理由

予想は60〜70%の精度でよい

　株価チャートの分析は難しいと感じる人が多いと思うのですが、そもそもチャート分析はなぜ難しく感じてしまうのでしょうか。

　その原因は、普段の生活においてチャートを見慣れていないこと、テクニカル指標の種類が多すぎて何を見ればよいのかわからない、チャートを読めるようになるまでに時間がかかってしまう、といったことが挙げられると思います。

　しかし、これらの理由からチャート分析を諦めてしまうのは実にもったいないと思います。100%当たる予想を目指すことは無理だとしても、経験を積むことによって、当たる精度を60%や70%へと高めていくことはできます。そのように精度を高めるだけで、株式投資で利益を出す可能性を上げることができるのです。

　何かを始めることは大変ですが、本書を活用して、チャート分析で株価を予想する術を身につけていってほしいと思います。

予想は100%当たらなくてよい

半分と少しだけ当たればよいかな、という気持ちで株価チャートの分析にトライしてみよう

2章

概要

チャートを構成する基本要素

この章では、株価チャートはどんな要素で構成されていて、どんな役割を成しているのか、そして要素からどんなことを読み取れるのかを見ていきましょう

概要

01

2章　チャートを構成する基本要素

チャートを構成する
基本要素とは？

日本で使われている「ローソク足」

　日本で使われる代表的な株価チャートには、ローソク足が使用されています。ローソク足の見方がわからなければ、気になる銘柄の株価がどのように推移してきたのかがわからず、現在の株価が割安なのか、割高なのか、あるいは売買のタイミングも判断することができません。

　18ページでも説明しましたが、**ローソク足の株価チャートは、ローソク足、出来高、移動平均線の主に3要素から構成されています**。この3つ以外にもさまざまな株価指標がありますが、ローソク足、出来高、移動平均線の3つを見るだけでも、今後、株価がどのように推移していくのかを予想することができるようになります。

　ローソク足は、チャートでよく見る縦に細長い四角形を指しています。**ローソク足1つで、ある期間の値動きを表しています。**

　ローソク足1つが1日の値動きを表したものを日足チャート、1週間を表したものを週足チャート、1カ月を表したものを月足チャートと呼びます。それ以外に1時間を表す1時間足チャート、1分間を表す分足チャートなどもあります。

　もっとも一般的なのが日足チャートです。数日の売買から長期投資の売買を行う際にも日足チャートを見ることが多いです。週足チャートや月足チャートは中長期投資を行う際に、中長期的な株価の推移を把握するために見ます。

30

ローソク足

〈日足チャート〉

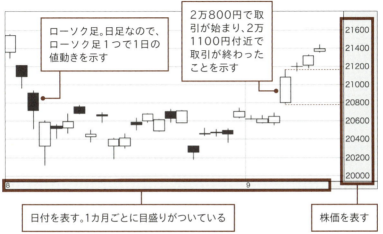

〈週足チャート〉

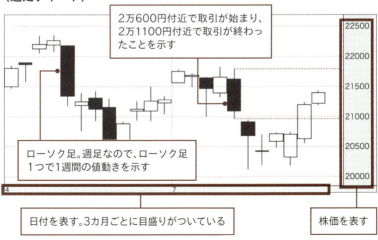

出来高とは

　出来高はローソク足の下に表示されている棒グラフで表されています。**出来高はその期間で何株が取引されたかを示すもの**で、長ければ長いほど多い取引、短ければ短いほど少ない取引であったことを示します。

　出来高とローソク足は同じ時間の単位で表示させ、組み合わせて見ましょう。出来高が長いときのローソク足は大きな意味を持つことが多いです。

　例えば、株価が下がっていても出来高が少なければ、大きな資金で取引をしている投資家（機関投資家など）の取引は少ないと見られ、今後も下落する可能性は低いので、あまり大きな意味を持たないと考えてよいでしょう。

　反対に、過去1カ月の平均出来高の何倍もの出来高が突然発生して株価が上昇したような場合は、その後も強いトレンド（90ページ参照）が発生することがあります。

移動平均線とは

　移動平均線は、過去X日分の株価の平均値を線で表したものです。移動平均線を見ることによって、株価が全体的に上昇傾向にあるのか、下落傾向にあるのかといった傾向を見ることができます。

　短期間、中期間、長期間と異なる3本の移動平均線を表示させ、並びがどうなっているかでトレンドを判断することもできます。上から、短・中・長となっている場合は強い上昇トレンド、反対に上から長・中・短となっている場合は強い下落トレンド（下落する傾向が続く可能性が高いとき）となります。

32

出来高

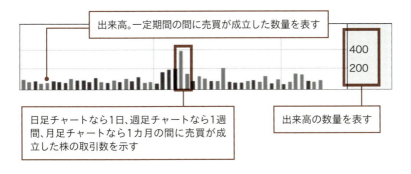

- 出来高。一定期間の間に売買が成立した数量を表す
- 日足チャートなら1日、週足チャートなら1週間、月足チャートなら1カ月の間に売買が成立した株の取引数を示す
- 出来高の数量を表す

移動平均線

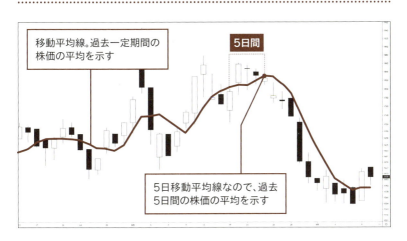

- 移動平均線。過去一定期間の株価の平均を示す
- 5日間
- 5日移動平均線なので、過去5日間の株価の平均を示す

概要
02

2章　チャートを構成する基本要素

株式チャートは
縦軸と横軸でできている

縦軸は株価、横軸は時間を表す

　株価チャートは縦軸と横軸からできています。縦軸は株価を表していて、株価が高くなるほど上に行き、株価が安くなるほど下に行きます。一方、横軸は時間を表していて、右にいくほど新しい時間を示しています。したがって、グラフの傾きによって時間の経過と株価の変動を読み取ることができるのです。

　ローソク足が表す期間については、日足、週足、月足などがあり、一番多く見られるのは日足チャートといいましたが、自分が投資をする期間によって見るべきチャートは異なります。

　数日〜数カ月程度の期間の投資であれば日足、半年〜3年程度の投資であれば週足、それ以上の数年単位の投資であれば年足を見ることが一般的です。また、1日のうちに売買をする超短期売買を行う場合は、1分足や1時間足などより短いローソク足を見ます。このように売買の期間に合わせて見るチャートを変えましょう。

　同じ銘柄の株価チャートであっても、日足、週足、年足で見るのでは、チャートの見え方が変わってきます。日足チャートは細かい株価変動がすべて表示されますが、週足チャートは細かい動きがすべて表示されるわけではないので、細かいノイズを意識せずにおおまかなチャートの動きを確認することができます。年足チャートとなると、10年など長期間の株価の流れを確認できます。

チャートの縦軸と横軸

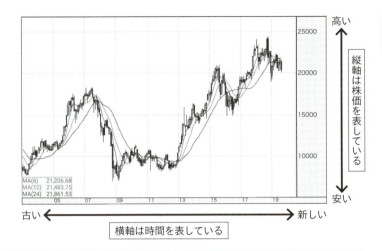

長期移動平均線と短期移動平均線の違い

〈NTTドコモ（9437）日足 2019年2月〜8月〉

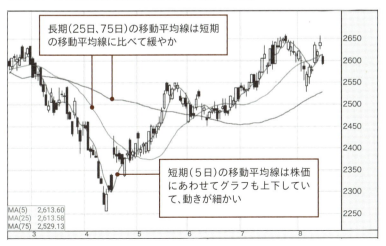

ひとつの銘柄を日足、週足、年足で確認

　同じ銘柄を取引するのであっても、**日足、週足、年足のすべてのチャートを見て、長期間のトレンドはどうか、週間単位のトレンドはどうかを把握してから日足チャートを確認する**とよいでしょう。

　日足チャートで見ると株価が下がってきているものの、週足チャートや年足チャートでは上昇トレンドを維持している、といったケースはよくあることです。

　反対に、日足チャートでは上昇してきているのに、週足チャートや月足チャートでは下落トレンドが続いていれば、単に下落トレンドの最中の小さな反発であると判断することもできます。また、長期投資を行う場合であっても週足チャートや日足チャートをしっかりと見ておけば、より安値で買えるチャンスを捉えられるでしょう。

　こうした考えから、株を買うのに好ましいチャートのかたちは、日足、週足、月足のすべてが上昇トレンドの銘柄であれば上昇する確率が高いといえるでしょう。週足と月足チャートで中長期のトレンドを確認し、日足チャートで直近のトレンドを確認してから売買の判断をしましょう。

　また、1時間足や4時間足のチャートを見ることによって、1日より短い時間の値動きを把握するのもひとつの方法としてあります。

　例えば、株を買うタイミングを図る際に4時間足だとちょうど支持線（62ページ参照）となる移動平均線まで下がってきたからここで買おう、といったような判断をすることができます。

　このように期間の異なる複数のチャートを見ることによって、より的確な判断を行うことができますので、1種類のチャートだけではなく、数種類のチャートを見て、総合的に売買の判断をしていきましょう。

好ましいチャートのかたち

日足・週足・月足のすべてが上昇トレンドだと今後も上昇する確率が高いため、買いのサインと判断することができる

〈オリコン（4800）日足 2019年6月〜8月〉

今後も上昇する可能性が高い

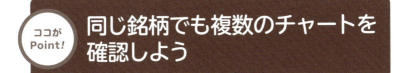

ココが Point! 同じ銘柄でも複数のチャートを確認しよう

概要
03
ローソク足の**実体**が表すこと

2章　チャートを構成する基本要素

ローソク足には陽線と陰線がある

　ローソク足とは、ある期間の値動きを図で表したものということは18ページで説明しました。株価チャートを見ていくうえで、ローソク足への理解は欠かせませんし、まずローソク足を理解しなければ、株価チャートはまるで意味不明な図形が並んだグラフのままです。ここで、もう少しローソク足について、詳しく見ていきましょう。

　今、世界中で使われているローソク足チャートですが、実はこのローソク足、日本人が考案したもの。江戸時代の相場師、本間宗久が考案者だといわれています（70ページ参照）。

　ローソク足は、四角い「実体」部分と実体部分から上に出る線の「上ヒゲ」と下に出る線の「下ヒゲ」から構成されています（ヒゲについては40ページ参照）。実体部分には２種類あり、一般的には実体が囲み線だけで表示される「陽線」と実体が塗りつぶされた「陰線」があります。

　陽線は、四角の下辺がある期間の取引開始時の株価（始値）を示し、上辺が取引終了時の株価（終値）を示します。

　陰線は、陽線と反対で四角の上辺がある期間の取引開始時の株価を示し、下辺が取引終了時の株価を示します。

　視覚的に、「今日は株価が大きく上昇した」「少しだけ下落した」がすぐわかるようになっているのです。

38

ローソク足の名称

■陽線（始値より終値が高い）

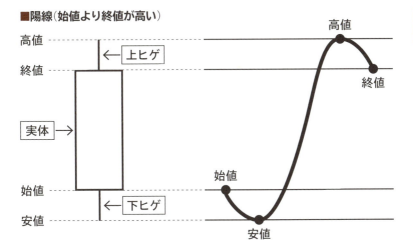

■陰線（始値より終値が低い）

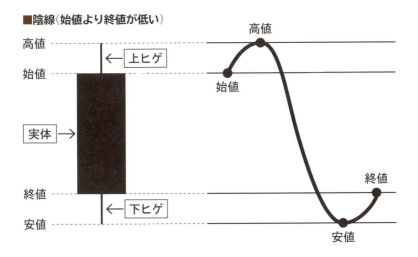

概要
04
2章　チャートを構成する基本要素

ローソク足のヒゲが
表すこと

その日の最高値、最安値がわかるヒゲ

　ここまで説明したように、ローソク足はそれぞれ1本がある期間（日足は1日、週足は1週間）の株価の値動きを示すものです。

　つまり、ローソク足は株式市場の日々の、もしくは週ごと、月ごとのドラマが凝縮されたものなのです。

　例えば、始値と終値がまったく同じ値段となる場合がありますが、この場合は実体部分がなくなり、線だけのローソク足となります。これを「寄引同時線」といいます。日足であれば、その日1日間、株価が変動しなかった「平和な日」であったといえるでしょう。

　ただし、ローソク足には実体に加え、ヒゲも示されています。

　上ヒゲは線の一番高い部分がその期間の高値を示し、下ヒゲは線の一番低い部分がその日の安値を示しています。例えば陽線の下ヒゲであれば、始値である実体の底辺から伸びるため、始値より安値が低いほど長いヒゲができます。

　仮に実体部分が寄引同時線であったとしても、上ヒゲと下ヒゲが長く伸びていたりすれば、その日に一時的に高騰したり、その後大きく下がったりして、その日の相場が終わるころに元に戻っただけ、という見方になります。案外「平和な日」でもなかったわけです。

　ローソク足は実体部分の長さやヒゲの長さによって、相場の状況を示すので、ローソク足からさまざまな予想ができるのです。

ローソク足のヒゲ

■ヒゲのない寄引同時線

始値
終値　　　　　　　　　　　　　　　始値　　　　　　　　終値

> ヒゲのない寄引同時線は
> 1日中株価が変動しなかった
> ことを示す

■ヒゲつきの寄引同時線

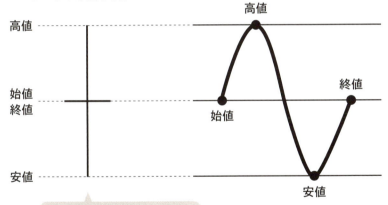

> ヒゲが伸びた寄引同時線は、
> 一時的に高騰や急落を
> したことがわかる

2章　チャートを構成する基本要素

概要
05
2章　チャートを構成する基本要素

ローソク足のかたち①
ピンバー

長いヒゲがついたときは要注目

　ローソク足は、その日の値動きによってかたちが変わるので、値動きの分だけローソク足のかたちが存在します。

　なかでも、特に注目したいかたちが、ピンバー（たくり足）です。
　ピンバーとはピノキオバーの略で、長い上ヒゲまたは下ヒゲを持つローソク足のことを指します。ピノキオの長い鼻をイメージしたことからその名がつけられました。
　ピンバーは始値と終値が近く、上ヒゲか下ヒゲの長さが全体の長さの3分の2以上になっているローソク足のことです。
　ピンバーが発生すると株価のトレンドが反転する目安となります。株価が上昇している最中に長い上ヒゲをつけたピンバーが出れば売りのシグナルに、下落している最中に長い下ヒゲをつけたピンバーが出れば買いのシグナルになります。ヒゲの部分が長ければ長いほど強い意味を持ちます。
　上ヒゲのピンバーならそのピンバーの安値を更新した時点が売りのポイント、下ヒゲのピンバーならそのピンバーの高値を更新した時点が買いのポイントとなり、反対に、上ヒゲのピンバーで高値を更新した時点、下ヒゲのピンバーで安値を更新した時点はロスカット（損切り）ポイントとなります。

ピンバーの特徴

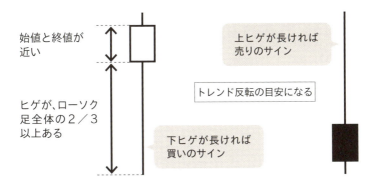

始値と終値が近い

ヒゲが、ローソク足全体の2／3以上ある

上ヒゲが長ければ売りのサイン

トレンド反転の目安になる

下ヒゲが長ければ買いのサイン

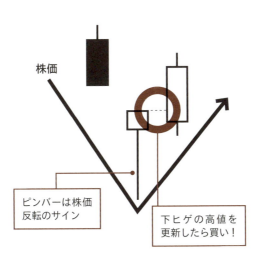

株価

ピンバーは株価反転のサイン

下ヒゲの高値を更新したら買い！

| 概要 | 2章 チャートを構成する基本要素 |

06
ローソク足のかたち②
大引け坊主

ヒゲがないローソク足

　前節で注目するかたちとして、ピンバーを紹介しましたが、もうひとつ注目したいのが、「大引け坊主」です。

　何やら大層な名前がついている大引け坊主ですが、では、このお坊さんはいつ登場するのでしょうか。

　相場の前場（午前中）、後場（午後）の最後の売買を引けといい、後場、つまりその日最後の取引は特に大引けといいます。

　大引け坊主とは、この大引け側（陽線なら上、陰線なら下）にヒゲがないローソク足のかたちのことをいいます。

　このかたちは、基本的には、陽線の大引け坊主は買いの勢いが強いことを示し、陰線の大引け坊主は売りの勢いが強いことを示しています。実体部分が長いほど、また、そのときの出来高が大きいほど強い意味を持ちます。

　株価の動きは、株を買う人、売る人など市場参加者の気持ちの集大成です。3章以降で詳しく説明していきますが、株価が上昇傾向か下降傾向か、その流れが変わるか、変わらないかといったヤキモキするようなタイミングでこの大引け坊主が登場したとき、そのヤキモキ状態を破って株価の流れが転換する可能性が高いと判断することができます。

　棒がついた四角形が並んだだけのチャートですが、いろいろなことがわかる奥深いものなのですね。

44

大引け坊主の特徴

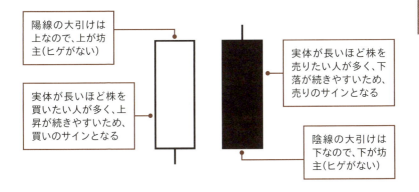

チャートで見る大引け坊主

概要

07

2章　チャートを構成する基本要素

基本要素①
ローソク足でわかること

包み足とはらみ線

　ローソク足はひとつひとつに意味があるので、単体のローソク足から相場の予想をするのにも役立ちますが、ローソク足を複数組み合わせることでより正確な予想ができます。ここでは代表的な組み合わせを見てみましょう。

　前日のローソク足を当日のローソク足が包み込むローソク足の組み合わせを「包み足（包み線）」といいます。特に注目したいのは陰線が陽線を包んだときと、陽線が陰線を包んだときです。

　上昇傾向（上昇トレンド）が続いたあとに陰線が陽線を包むと下落転換するサインとなり、下落傾向（下落トレンド）が続いたあとに陽線が陰線を包むと下落が止まるサインとなります。

　包み足とは反対に、**前日のローソク足が当日のローソク足を包み込むローソク足の組み合わせを「はらみ線」といいます。**前日のローソク足を母親、当日のローソクを子と見立てて名づけられました。

　はらみ線もピンバーと同じ考え方で、前日の陽線が当日の陰線をはらんだ場合は、2本を合わせると上ヒゲができるので、株価が上がり切る付近（天井圏）で出れば下落転換のサインとなります。前日の陰線が当日の陽線をはらんだ場合は、2本を合わせると下ヒゲができるかたちになりますので、株価が下がり切る付近（底値圏）で出た場合は下落が止まるサインとなります。

包み足

前日のローソク足より当日のローソク足のほうが長く、包み込むような2本のローソク足の組み合わせ

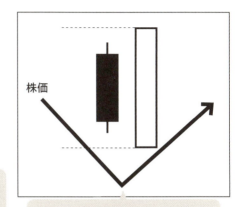

上昇トレンドや下落トレンドで現れるとトレンドが転換するサイン

はらみ線

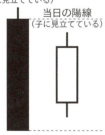

当日のローソク足よりも前日のローソク足のほうが長く、包み込むような2本のローソク足の組み合わせ

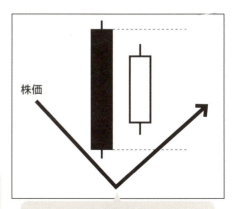

上昇トレンドや下落トレンドで現れるとトレンドが転換するサイン

かぶせ線、切込み線、首つり線

　「かぶせ線」は前日が陽線、当日が陰線の組み合わせで、前日よりも高い始値から始まり、前日の上値から下値の範囲内で半分より下に当日の終値がついたかたちをいいます。陰線が陽線にかぶさったかたちから、かぶせ線と呼びます。2本を組み合わせると上ヒゲができるので、天井圏で出ると下落転換するサインとなります。特に陰線の終値が低ければ低いほど、強いサインとなります。

　かぶせ線とは反対に、前日が陰線、当日が陽線の組み合わせで、前日より低い始値の陽線が、陰線の実体部分の半分より上で終値をつけたかたちを「切込み線」といいます。切込み線が底値圏で出るとトレンドが反転となり、株価が上昇していくことが考えられるので、買いのサインと捉えてよいでしょう。

　「首つり線」は天井圏で、上昇してスタートし、一旦大きく下げるものの、最終的に高値引けをする、ピンバーのようなローソク足です。高値引け（終値が始値よりも高くなること）をしているので勢いが強いローソク足に見えますが、天井圏で一旦大きな下げが発生しているということは、株価が高すぎると考えている人が多くいることを意味しています。株価が上昇していくだろうと考えている人が多い場合、長いヒゲはできません。首つり線ができたら、株価が下落する可能性があります。

48

かぶせ線と切込み線

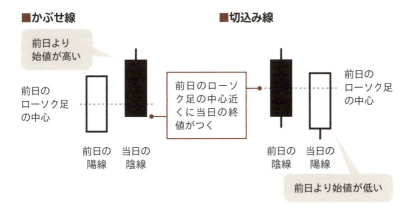

首つり線

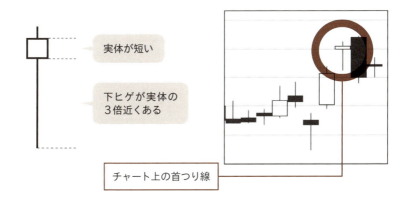

概要
08
2章　チャートを構成する基本要素

基本要素②
出来高でわかること

取引が成立した株数を示す出来高

出来高とは、その日に何株取引が成立したかを意味します。

例えば、銘柄Aに1株100円で100株の買い注文があり、同じく1株100円で100株の売り注文があったとき、取引が成立します。このときの出来高は100株となります。「買い注文の100株」と「売り注文の100株」を合計して「出来高200株」とはなりません。売買で合計した200株のことは「売買高」といいます。

「今日の出来高は1万株」とすると、1日で1万株の取引が成立したことを意味します。出来高が多いほどその銘柄が注目されて取引されたことになりますし、少なければ注目されていないことになります。

しかし、出来高だけを見ていても売買のタイミングは判断できません。出来高はローソク足（株価の動き）と組み合わせて見ることで機能します。例えば、株価が上昇したときに大きな出来高を伴っていれば、大きな売り需要がありながらも株価が上昇したことを意味し、とても強い上昇といえます。

出来高とローソク足の組み合わせて見る方法は、相場のトレンド（株価が上昇したり下落したりしやすいような傾向のこと）を見るときに有効です。

50

出来高とは

「出来高」とは取引の成立数のこと。あくまで取引が成立した数なので、売買注文の合計でない点に気をつけよう

■出来高数が決まるしくみ

100株の売り注文に対して100株の買い注文が入り、100株の取引が成立したので**出来高は100株**となる

100株の売り注文に対して50株の買い注文が入り、50株の取引が成立したので**出来高は50株**となる

出来高は棒グラフで表されている

この月には、8000万株を超える取引が成立したことを表す

出来高と株価の組み合わせ

　一般的に強い上昇トレンド時は出来高が拡大していき、トレンドの勢いが弱まると出来高は縮小していきます。日々の値動きでも、上昇するときは前日よりも出来高が多くなって株価が上昇し、上昇の途中で反落するときは前日よりも出来高が少なくなって株価が下落することの繰り返しです。ただし、下落時に前日よりも大きい出来高で下げるようになると上昇トレンドが終わる可能性があります。

　また、株価位置を利用した出来高の見方もあります。底値圏で横ばいの株価推移が続いている銘柄が突然今までにはなかったような大きな出来高で株価が急騰した場合は、買いのサインとなります。

　上昇トレンドが続いて株価が天井圏に入ったところで株価が横ばいになってきたときに、大きな出来高を伴った上ヒゲの長いピンバーが発生すると大きな売りのサインとなります。反対に、株価下落時に大きな出来高の下ヒゲの長いピンバーが出ると強い底打ち（下落が止まる）反転のサインとなります。

価格帯別出来高は投資家の心理が反映される

　なお、通常の出来高は、ローソク足に合わせてある一定の時間でどれだけの取引があったかを示しますが、株価別に累計出来高を示す「価格帯別出来高」もあります。通常の出来高はチャートの下の部分に表示されますが、価格帯別出来高はチャートの左右どちらかに表示され、それぞれの株価で何株取引が成立したかを示します。

　価格帯別出来高が大きな価格帯で多くの人が取引をしたいと思って取引が行われていることを意味します。価格帯別出来高が少ないところに株価がある場合、上下どちらかの価格帯別出来高が大きいところまで株価が動きやすい傾向があります。

52

出来高とローソク足は一緒に見る

〈積水ハウス・リート投資法人（3309）日足 2019年4月〜8月〉

価格帯別出来高の見方

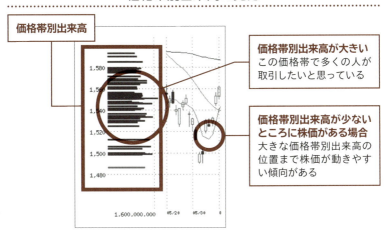

概要
09

2章　チャートを構成する基本要素

基本要素③
移動平均線でわかること

相場の傾向がわかる

　移動平均線は、過去X日分の株価の終値を全部合計してXで割った平均値を線で表したものです。簡単にいえばその期間の平均株価の推移です。移動平均線の計算方法を理解するために、とある八百屋の毎日の売上を株価に見立てて移動平均線を作ってみましょう（右下図参照）。

　1日目の売上が65万円、2日の売上が50万円……と並んでいますが、日々の売上の数字だけを見ても、売上がどのように変化しているのかはよくわかりません。

　そこで、3日間ごとの移動平均線を作ってみます。まずは1～3日目の売上を平均化して（65万円＋50万円＋75万円）÷3＝63.3が1つ目の3日移動となります。2つ目の移動平均線は2～4日目の売上を平均化、3つ目は3～5日の売上を平均化……というように最後の6～8日目の平均までを計算していきます。そうすると、3日間ごとの売上推移が一目で明らかになります。数字だけでは売上の上下しかわかりませんでしたが、**移動平均線では売上が拡大傾向にあることがわかります。**

　ここでは3日移動平均線を説明しましたが、さまざまな期間で示した種類があります。期間が長いほど長期のトレンドを示し、期間が短ければより短期のトレンドを示しますので、投資スタンスによって見る移動平均線も異なります。

54

移動平均線

その期間の平均株価の推移や株価だけでは把握できないトレンドを把握するために利用する

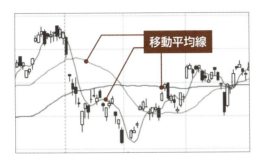

移動平均線の例

一定日数の終値などを平均化したもの。3日移動平均線の場合、3日分の終値を合計して3で割りグラフ化したもの

● 八百屋の売上で移動平均線をつくる例

何日目	1日目	2日目	3日目	4日目	5日目	6日目	7日目	8日目
売り上げ	65万円	50万円	75万円	65万円	70万円	80万円	70万円	60万円

65万+50万+75万÷3=190万÷3=63.3万

- 63.3 1〜3日目の売上の平均
- 63.3 2〜4日目の売上の平均
- 70 3〜5日目の売上の平均
- 71.6 4〜6日目の売上の平均
- 73.3 5〜7日目の売上の平均
- 70 6〜8日目の売上の平均

フィットする移動平均線を選ぶ

　株式投資において、**移動平均線はもっともメジャーな指標で、多くの人が判断材料としています。**「株価が移動平均線に触れたら売買のタイミング」と考える人が多いため、そのタイミングで株価が上昇したり下落したりしている状況も多くあります。この状況が多い銘柄の株価と移動平均線のことを「フィットしている」といいますが、フィットする移動平均線は銘柄によって異なるので、さまざまな種類の移動平均線をチェックしてみましょう。

見られることが多い移動平均線の種類

　日本でよく見られる移動平均線は5日、15日、25日、75日移動平均線で、証券会社のチャートツールなどでも初期設定にされていることが多いです。

　一方、海外では10日、20日、50、200日移動平均線といったように、切りのよい日数の移動平均線が利用されることが多いです。

　国内と海外でよく見られる移動平均線は異なるため、外国人の投資家が多く投資する大型株や日経平均などの株価指数には10日、20日といった切りのよい移動平均線がフィットすることが多く、日本人の投資家が多く投資する新興株には15日、25日、75日といった移動平均線がフィットすることが多いです。もちろん、銘柄ごとによってフィットする移動平均線は異なるので、過去の株価と移動平均線の推移を見て、どの移動平均線が株価と連動しているのかを確認しましょう。

　また、日足以外の移動平均線でよく見られているのは、週足を使った移動平均線では、13週、26週の移動平均線、月足では、6カ月、12カ月、24カ月、60カ月の移動平均線がよく利用されます。

56

フィットする移動平均線

〈サムティ（3244）日足 2019年2月～8月〉

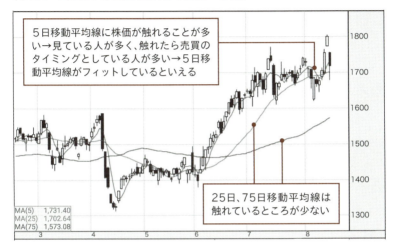

5日移動平均線に株価が触れることが多い→見ている人が多く、触れたら売買のタイミングとしている人が多い→5日移動平均線がフィットしているといえる

25日、75日移動平均線は触れているところが少ない

日足を使った移動平均線

日本でよく使われる線
- 5日移動平均線
- 15日移動平均線
- 25日移動平均線
- 75日移動平均線

海外でよく使われる線
- 10日移動平均線
- 20日移動平均線
- 50日移動平均線

切りのよい数字が使われることが多い

銘柄によってフィットする移動平均線は異なる

概要

10

2章　チャートを構成する基本要素

基本要素④
移動平均線の意味

セオリーどおりに値動きしやすい

　移動平均線を見るとトレンドがわかることは前述しましたが、株式投資をするうえで、「トレンドを見る」ことはとても重要です。理由は、**トレンドは継続する可能性が高く、値動きの予想がしやすいため、売買のタイミングが判断しやすい**からです。おおよそ70％はトレンド通りに値動きすることが多く、30％の確率でトレンドが反転すると考えてよいでしょう。

　したがって、現在株価が上昇トレンドにあるのか、下落トレンドにあるのかを把握することは非常に重要です。もちろん投資を行う際には、上昇トレンドにある銘柄を選択すべきです。ここが大きなポイントとなります。

　普段の買い物を例に考えてみましょう。普段の買い物での基準は価格であることが多いかと思います。例えば、八百屋で昨日は200円だった大根が今日は150円になっていたとすると「昨日より割安だから買おう」という判断につながります。

　ところが株式市場ではトレンドが続くことが多いので、株価が下がっているときは、株価が割安に見えるためについ買いたくなってしまいがちですが、実はさらに下がる確率のほうが高いため、下落トレンドの最中に買ってしまうと、損してしまう可能性が高いのです。この点に気をつけるようにするだけでも株式投資の成績は上がりやすくなるでしょう。

58

トレンドは続きやすい

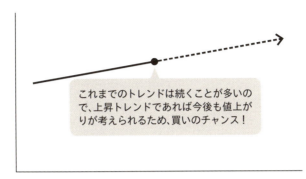

これまでのトレンドは続くことが多いので、上昇トレンドであれば今後も値上がりが考えられるため、買いのチャンス！

移動平均線でトレンドを把握

移動平均線が上向きならば上昇トレンド、下向きならば下落トレンドということが把握できる

〈サイボウズ(4776)日足 2019年2月〜8月〉

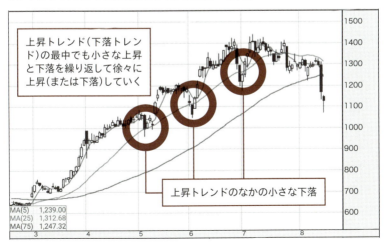

上昇トレンド(下落トレンド)の最中でも小さな上昇と下落を繰り返して徐々に上昇(または下落)していく

上昇トレンドのなかの小さな下落

移動平均線で売買のタイミングを知る

58ページで述べた考え方で移動平均線を利用すると、売買のタイミングを判断しやすくなります。

過去の株価チャートを確認すると25日移動平均線が支持線（下値を結んだ線。62ページ参照）であり抵抗線（上値を結んだ線。62ページ参照）となっている銘柄があったとします。このとき、まずは25日移動平均線が上向きになっているのか下向きになっているのかを確認します。これで上昇トレンドなのか下落トレンドなのかが把握できます。

上昇トレンドの最中だとしても株価は毎日上昇し続けるわけではありません。株価は上昇と下落を繰り返しながら、上昇していくのです。

株価は移動平均線から離れすぎると移動平均線まで戻ってくる習性があります。先ほどの銘柄の場合、25日移動平均線が主要な支持線や抵抗線となっているのであれば、株価が上昇したあと、25日移動平均線まで戻ってきたところが買いのポイントと捉えることができますし、逆に25日移動平均線で株価が下げ止まらないようだと、トレンドが転換したと判断できます。

また、上昇トレンドが続くということは、直近の安値を下回らずに直近の高値を更新していくことが継続することを指します。そして、この上昇トレンドが続くと移動平均線は期間が短い線から順に上向きになっていき、最終的には「株価＞短期移動平均線＞中期移動平均線＞長期移動平均線」の順番になります。**この状態をパーフェクトオーダー（完璧な順番）といって、株価のトレンドがとても強いことを意味します**。この状態になると、そこから上昇トレンドが長く続く傾向があるので、買いのポイントとなることがあります。反対に「長期移動平均線＞中期移動平均線＞短期移動平均線＞株価」の順番になったときは逆パーフェクトオーダーといい、下落トレンドが続くことが多いです。

60

トレンドの見方

株価は移動平均線と離れすぎると移動平均線まで戻ってくるので、戻ってきたタイミングと売買のサインとして捉えよう

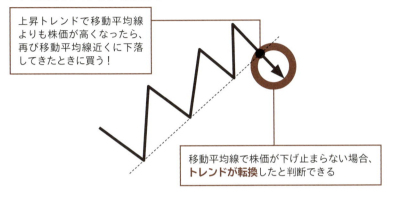

上昇トレンドで移動平均線よりも株価が高くなったら、再び移動平均線近くに下落してきたときに買う！

移動平均線で株価が下げ止まらない場合、**トレンドが転換**したと判断できる

パーフェクトオーダー

〈IRジャパンHD（6035）月足 2018年10月〜2019年8月〉

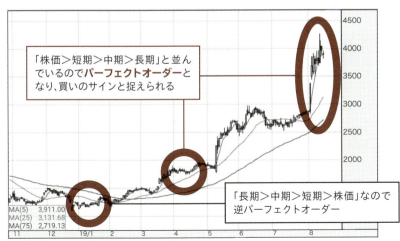

「株価＞短期＞中期＞長期」と並んでいるので**パーフェクトオーダー**となり、買いのサインと捉えられる

「長期＞中期＞短期＞株価」なので逆パーフェクトオーダー

概要 11

2章　チャートを構成する基本要素

支持線と抵抗線って何？

安値を結ぶ支持線と高値を結ぶ抵抗線

　これまで「トレンドを読めば株価の上昇や下落を予想できるので、売買のタイミングがわかる」と説明してきました。ここでは、トレンドの判断をより具体的に見てみましょう。

　株式売買の肝である「トレンド」を、より正確に判断できる方法があります。それは**トレンドに「トレンドライン」を引くこと**です。株価チャートに表示されているものではありませんが、株価チャートを見る際の基本となる要素なので、ここで紹介します。

　トレンドラインとは、株価チャートを見れば簡単に引ける線なので、それだけに多くの投資家が利用しており、意識する人が多い線です。

　トレンドラインには、2つあります。1つ目が**上昇相場で安値を結ぶ「支持線」。下値支持線、サポートライン**ともいいます。「株価をここより下には行かせない」と支持（サポート）する線とイメージするとわかりやすいでしょう。

　2つ目が**下落相場で高値を結ぶ「抵抗線」です。上値抵抗線、レジスタンスライン**ともいいます。「株価をこれより上には行かせない」と抵抗（レジスタンス）する線とイメージするとよいでしょう。

　ただし、特定の機関が支持、抵抗しているわけではありません。株式市場に参加し、この線を意識している不特定多数の投資家たちが、支持、抵抗しているわけですね。

62

抵抗線

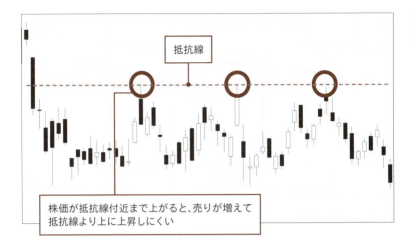

株価が抵抗線付近まで上がると、売りが増えて抵抗線より上に上昇しにくい

支持線

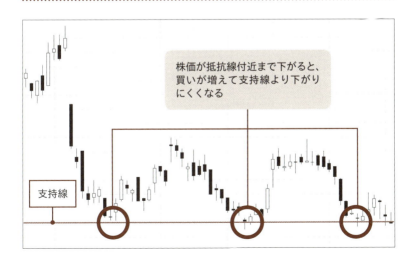

株価が抵抗線付近まで下がると、買いが増えて支持線より下がりにくくなる

Column 2　基本的な移動平均線

移動平均線でトレンドに乗ろう

　本文でも触れた通り、移動平均線はもっとも一般的なテクニカル指標です。移動平均線が多く使われる理由は、株価のトレンドを表すのにもっとも単純で視覚的にも理解しやすいからです。

　株式投資の核は、トレンドを読むことです。トレンドは一旦始まると長く続く傾向がありますので、トレンドが反転することよりも、現在のトレンドがそのまま続くだろうと判断するほうが簡単となります。株の売買をするときにはトレンドを判断するとよいです。

　例えば、上昇トレンドの銘柄Aは25日移動平均線が支持線となって株価を支えていて、25日移動平均線まで株価が下ったところで株を買ったとします。その後の値動きは、移動平均線で下げ止まり、再び上昇していくと考えることができます。しかし、この予想とは裏腹に25日移動平均線で下げ止まらずに株価が25日移動平均線を割り込み、さらに下落してしまえば、失敗したと判断できます。

売買のタイミングは上昇トレンドが始まるとき

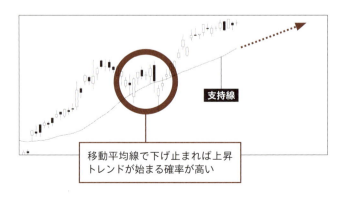

移動平均線で下げ止まれば上昇トレンドが始まる確率が高い

支持線

3章

概要

基本的な
値動きの見方

株の売買において値動きを予想することは重要です。
この章では、ローソク足を用いて基本的な値動きのパ
ターンを見ていきましょう

概要

01

3章　基本的な値動きの見方

ローソク足には
パターンがある

ローソク足は投資家の心理を表す

　ローソク足は株価の動きを表したものですが、それは投資家の心理がどのように動いたのかを、そのまま表す指標でもあります。

　株価が下がりそうなとき、損失を小さくするために売りたいと多くの人が考えます。そうして株が売られると、さらに株価は下がります。このような「株価が下がりそう」といったローソク足のパターンを知ることで、トレンドの予想がつきやすくなるのです。

　ここではローソク足の値幅から考えたパターンを紹介します。

　「窓」というパターンがありますが、これはある日の終値と翌日の始値の間に価格の空白ができることを指し、空白ができることを「窓が開く」、空白がなくなることを「閉まる（埋まる）」などと表現します。

　特に窓が発生しやすいのは、金曜日と翌週月曜日の間です。土日の間に大きなイベントが発生すると翌週の株価が大きく変動してスタートすることがよくあります。投資におけるイベントとは、世界情勢や会社の経営に関わる大きなニュースなどを指します。

　一般的に窓が開いたら、閉めに行く傾向が多いといわれますが、このとき一番重要なことは、窓ができた場合はそこが重要な抵抗線と支持線になるということです。

　窓ができたときのローソク足の出来高や、窓が開いている値幅が大きいほど、その窓は大きな意味を持つ抵抗線と支持線となります。

66

チャートの空白＝窓

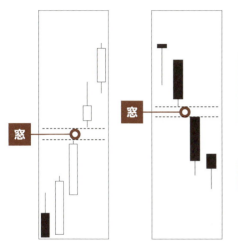

終値と翌日の始値の間の空白を「窓」という

株式市場が閉まっている間に、その企業にとって大きなイベント（新商品発表や不祥事）が発生する

↓

窓が開きやすい

窓が開くと閉めに行くことが多い

窓を閉めようとする（窓閉め）

窓は反発の目安になる

　銘柄Ａの不祥事などが発覚して、銘柄Ａを多くの人が売りに出したことによって大きな窓が開くほど株価が下落したケースで考えてみましょう。

　窓が開くと、チャートは次に窓を閉めにいく動きになります。その理由は、株価の急落から「まだまだ下がるのではないか」といった恐怖心で銘柄Ａを売りたい人がすべて売ると、売る人がいなくなります。そうなると、自然と株価が反発することになるからです。

　しかしこのとき、急落しているところで売って損をするよりも「株価が戻ったら早く処分したい」と考える人も多くいるのです。この人たちは、窓が閉まったところまで株価が戻ると、「ようやく株価が戻ったからここで売ろう」と考えて再度売りが大きく入りやすくなります。そのため窓が閉まった価格から株価が上昇しにくい抵抗線になる、というわけです。

　トレードで活用できるローソク足のパターンとしては、**大きな出来高と大きな窓が発生したときは、窓が閉まる前後の株価から反転の動きになりやすい**ということです。

　ただし、まれに株価が抵抗線を超えていくことがあるのですが、そのときには抵抗線は支持線に変わります。これは重要なパターンなので覚えておきましょう。

　もちろん、窓は必ず閉まるわけではありませんが、直後の株価がどう動いたか、その窓の大きさや出来高、それまでの株価トレンドなどによって、その後の値動きが決まるので、総合的に判断しましょう。

パターンの意味を読み取る例

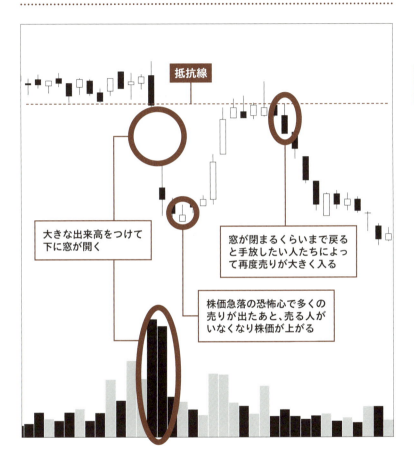

概要
02
ローソク足のパターン
酒田五法とは？

3章　基本的な値動きの見方

日本発祥の酒田五法

　ローソク足は株式投資において欠かせない要素のひとつとして一般的に使われていますが、実は日本が発祥です。

　ローソク足の起源は、江戸時代に出羽庄内（現在の山形県酒田市）の出身である本間宗久という米商人によって発案されたといわれています（諸説あります）。

　本間宗久は、自身が考案した酒田五法を使って米の商売で成功したあとに江戸に出ますが、米相場で失敗して破産しています。しかし、本間宗久はこの失敗を参考に、より大きな米市場である大阪に進出して莫大な富を得ます。「出羽の天狗」とも称され、晩年には「酒田照る照る、堂島曇る、江戸の蔵米雨が降る」と狂歌に歌われるほど、天才相場師として日本全国にその名を轟かせた人物です。

　天下の台所であった大阪・堂島の米取引で使われていたといわれていて、歴史が深いために、日本でもローソク足のさまざまな分析方法が生まれました。

　そのなかで<mark>ローソク足の産みの親である本間宗久が江戸時代に考案した、最も古典的で、多くの投資家に愛用されているローソク足の分析方法が酒田五法</mark>です。酒田罫線とも呼ばれます。ちなみに酒田五法は元本が存在しておらず、同じ手法でもさまざまな解釈や利用方法があります。

70

酒田五法

酒田五法とは、江戸時代の米商人である本間宗久が発案したローソク足の分析方法で、大きく分けて5パターンある

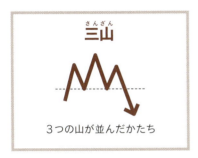

三山（さんざん）

3つの山が並んだかたち

それぞれ下降(逆)パターンもあります

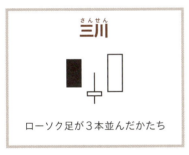

三川（さんせん）

ローソク足が3本並んだかたち

三空（さんくう）

4本の陽線(陰線)で3つ続けて窓ができるかたち

三兵（さんぺい）

陽線(陰線)が3本並ぶかたち

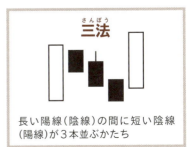

三法（さんぽう）

長い陽線(陰線)の間に短い陰線(陽線)が3本並ぶかたち

概要

03

3章　基本的な値動きの見方

酒田五法①
三山

三山は強い抵抗線があることを意味する

　「三山」は、このパターンになったら天井を意識しましょうという意味で、上昇局面では大きな３つの山ができることからその名がつけられました。上値を３回試しにいっても突破できなかったため、相当強い抵抗線が山の頂点にあると捉えてよいでしょう。

　三山と似たかたちの「三尊天井」があります。これは３つの山のうち、真ん中の山が一番高いチャートのかたちを指し、三山のなかでもっとも強く天井を示唆しています。真ん中の一番高い山を釈迦、左の山を普賢菩薩、右の山を文殊菩薩に見立てて三尊天井と名づけられています。海外でいわれている「ヘッドアンドショルダー」が三尊天井にあたります。日本でも海外でも同じ解釈のパターンがあるということは、投資家の心理は共通するということでしょう。

　また、安値圏で発生するのが「逆三山」と「逆三尊」です。三山や三尊天井を180度逆さにしたかたちで、底値を意味するローソク足のチャートパターンです。海外では「トリプルボトム」と呼ばれています。

　なお、これらのパターンには「ネックライン」といわれる線が存在し、三山と三尊天井では２つの谷底を結んだ線、逆三山と逆三尊では２つの山の天井を結んだ線を指します。この線を三山や三尊天井では株価が下に突き抜けたとき、逆三山や逆三尊では株価が上に突き抜けたとき、売買のポイントとなるでしょう。

72

三山のパターン

三山

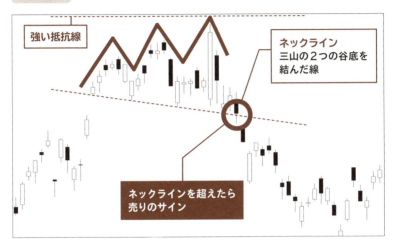

逆三山

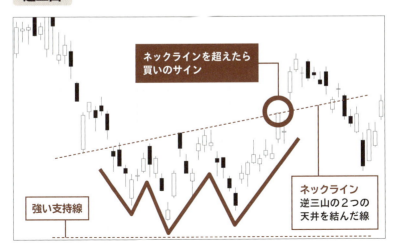

概要
04
3章　基本的な値動きの見方

酒田五法②
三川

川のように並んだ三川

　「三川」とはローソク足が川のように3本並んだかたちを指します。いくつかのパターンがありますが、ここでは3つの三川を紹介します。

　1つ目は一番有名な「三川明けの明星」です。1本目は長い陰線、2本目は下に窓を開けて十字線や十字線に近いローソク足（出来高が大きければより強いサイン）、3本目は上に窓を開けた長い陽線が並んだパターンです。2本目のローソク足が輝く明星に見えることから名づけられています。下落局面で、2本目のローソク足（明星）を見て、底値に近いなという思惑での買いが入り、窓を埋めて上に突き抜けていくかたちです。このとき窓の部分が支持線となりますので、**トレンドが上昇転換する可能性が高まる**わけです。

　2つ目は三川明けの明星の反対である「三川宵の明星」です。天井圏で1本目が長い陽線、2本目が十字線か十字線に近いローソク足（出来高が大きければより強いサイン）、3本目が長い陰線のかたちを指します。**窓が抵抗線になるかたちで売りのサインといえます。**

　3つ目は「三川上離れ二羽鳥」です。1本目に長い陽線、2本目に窓を開けた陰線、3本目に始値は2本目の始値に近いけれども陰線となり、3本目の陰線が2本目の陰線を含む包み足になったかたちです。2本の陰線が二羽の鳥に見えることから命名されており、2本の陰線が**上値に近いことを示唆していることから売りのサイン**とされています。

三川のパターン

三川明けの明星

三川宵の明星

概要
05

3章　基本的な値動きの見方

酒田五法③
三空

三空とは

「三空」とは、3回連続で窓が開くことをいい、上昇相場や下落相場が落ち着く最終局面で発生します。

下落相場の最終局面で4本の陰線がすべて窓を開けている状態を「三空叩き込み」といいます。三空叩き込みができる状態は、銘柄への恐怖心や失望感からの売りが続き、強い下落状態になっていることを表します。信用取引をしている人は追加保証金（追加の保証金を証券会社から請求されること）が出ている可能性があります。このとき損失覚悟で投げ売りをしている人も大勢いるでしょう。そこで、安くなった株価を目当てに買いが入りますが、売りたい人たちはすでに売ってしまっているので、株価は反発してさらに上昇しやすくなる習性があります。したがって、**三空叩き込みは買いのサイン**になるというわけです。

上昇相場の最終局面で4本の陽線がすべて窓を開けている状態を「三空踏み上げ」といいます。三空叩き込みとは反対に、銘柄への期待感などから大量の買いが発生して強い上昇が続いている状態です。このとき、信用取引で空売りを仕掛けている人は買い戻しに迫られている状況にある可能性があります。しかし、買う人がすべて買い終わったあとは、株価の高さから売りが発生しやすくなりますが、買いたい人はすでに株を買ってしまっているために、株価は下がりやすくなります。つまり**三空踏み上げは売りのサイン**ということになります。

三空のパターン

三空叩き込み

三空踏み上げ

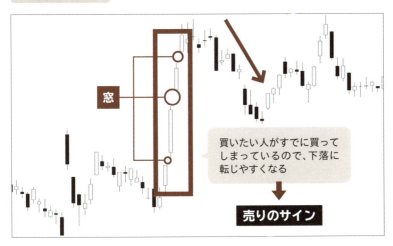

| 概要 | 3章　基本的な値動きの見方 |

06
酒田五法④
三兵

三兵とは？

　「三兵」には「赤三兵」と「黒三兵」があります。

　赤三兵は陽線が3本並び、2本目と3本目のローソク足は前日の終値付近で寄りつき、最終的には安値と高値を切り上げてジリジリと上昇しているかたちを指します。まだ株価が上がるかどうか不透明な印象があるのですが、それでも、「まだまだ上がるはず！」と強気に見る人が増えて株価が上昇し、3日分のローソク足を合わせると1本の大きな陽線になっているイメージです。**株価が安値圏などで赤三兵が出ると上昇相場の始まりと考えることができます**。つまり、買いのサインです。

　ただし、高値圏にあるときの赤三兵、特に3本目のローソク足に上ヒゲがついている場合は「赤三兵先詰まり」といわれ、上昇力が鈍ってきていることを示し、天井圏を意味し、売りのサインとなります。

　黒三兵は陰線が3本並び、2本目と3本目のローソク足が前の終値付近で寄りつき、最終的には安値と高値を切り下げてジリジリと下落しているかたちを指します。3本のローソク足を合わせると1本の大陰線となり、**高値圏で黒三兵が出ると強い売りのサインとなります**。ただし、安値圏の黒三兵で、最後の陰線に下ヒゲがついている場合（黒三兵先詰まり）や、最後の陰線が上下にヒゲが出て実体部分が短いコマのようになっている場合（黒三兵思案星）は、下降力が鈍っていることが示唆されていることになり、株価が反転するサインとなることもあります。

78

三兵のパターン

赤三兵（赤三兵先詰まり）

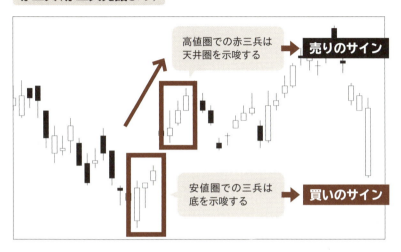

黒三兵

概要

07

3章　基本的な値動きの見方

酒田五法⑤
三法

三法とは？

　「三法」には2つの意味があります。1つ目は相場に対する心構えです。相場は「売るべし、買うべし、休むべし」という格言があり、売買するだけでなく、休むことも大事であることを意味しています。2つ目はチャートパターンにおける「上げ三法」と「下げ三法」の2つを指しています。

　上げ三法は、①上昇トレンドで大陽線（実態が長い陽線）が出たあとに、②小さなローソク足が3本、大陽線の内側に収まるように出て、③再び大陽線が出て最初の大陽線の高値を更新するかたちです。これは**上昇トレンドが続くことを示しています**。なお、大陽線のあとに小さなローソク足が数本続いてから大陽線が出ることもあります。

　下げ三法は、①下落トレンドで大陰線が出たあと、②小さなローソク足が3本、大陰線の内側に収まるように出て、③大陰線が出て最初の大陰線の安値を更新するかたちで、**下落トレンドが続くことを示します**。下げ三法の場合も小さなローソク足が数本出るケースもあります。

　上記のような上げ三法や下げの三法大陽線や大陰線が出るまでの小さな陰線や陽線が続いている間は、株価がどちらの方向に行くのか判断できない状態です。そのようなときには売買はせず、はっきりとしたトレンドが出るまで待ってから（高値や安値を更新してから）売買をしたほうがよいということです。

80

三法のパターン

上げ三法

上昇中の相場が様子を見て再び上昇しているので、上昇トレンドが続くことを示唆している

買いのサイン

下げ三法

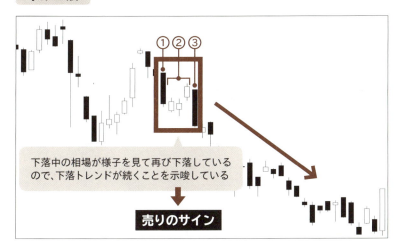

下落中の相場が様子を見て再び下落しているので、下落トレンドが続くことを示唆している

売りのサイン

概要
08
3章　基本的な値動きの見方

グランビルの法則から
考える買いのサイン

移動平均線を利用した投資のタイミング

　「グランビルの法則」とは、アメリカの金融記者であったジョセフ・E・グランビルが考案した株価（あるいは短期移動平均線）と移動平均線を利用した8つのチャートパターンから株を売買するタイミングを見極める方法です。**株価と移動平均線の価格や、2つの線の位置関係に着目して売買のタイミングを判断し、移動平均線を利用して売買のタイミングを見極める手法**としてはもっとも有名な方法のひとつです。

　どの移動平均線を使うかはトレードスタンス（株を買ってから売るまでの期間で、大きく分けて短期と長期のトレードスタンスがある）によって異なるのですが、ここでは株価と25日移動平均線を利用して説明していきます。

　グランビルの法則が開発された当初は、200日移動平均線が使われていましたが、コンピューターによる自動売買などによって株価の値動きが急激に変化する現在では、25日移動平均線など、短期の移動平均線のほうが効率的に利用できるため、25日移動平均線が使われることが多いです。

　グランビルの法則は8つのチャートパターンがあるといいましたが、買いのサインを示す4つのチャートパターンと売りのサインを示す4つのチャートパターンの2つに分けることができるので、ここでは4つの買いのサインを紹介していきます。

82

グランビルの法則（買いのサイン）

買いのサイン①

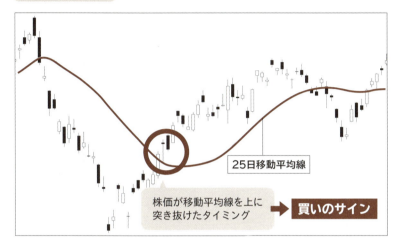

買いのサイン②

グランビルの法則（4つの買いのサイン）

　①25日移動平均線の向きが横ばい、または上向きになっている状態で株価が移動平均線を上に突き抜けたタイミングです。このタイミングは、株価が底値圏で下がり切ったあと、徐々に上向きになろうとしている段階ですので、買いのサインといえるでしょう。

　②①の買いサインのあとで株価がさらに上昇してから徐々に下落し、上向きの25日移動平均線を下回ったタイミングです。上昇トレンドのなかで一時的に株価が下がったタイミングを狙う「押し目買い」をするポイントとなります。ただし、一時的に下がったタイミングから株価の下落が始まることも十分考えられますので、25日移動平均線の向きが横ばいや下向きになってきた場合は、損切りをする必要が出てきます。

　③②の買いのサインのあとに株価が再び上向きの25日移動平均線を上に突き抜けて上昇し、再び25日移動平均線の近くまで下落して調整してきているようなタイミングです。②の買いのサインと異なる点は、株価が25日移動平均線を下回っていないことです。②の買いサインに続く2回目の押し目買いをするポイントとなります。

　④株価が天井に達したあとに下落トレンドとなり、下向きの25日移動平均線を株価が極端に下回ったタイミングです。いわゆる自律反発（ボールがバウンドするように株価が急落したあとに一旦戻ること。リバウンドともいう）を期待した底値買いをするタイミングです。ただ、25日移動平均線からどのくらい離れたところで底値買いをすればよいかは定められていません。株価が急落している局面では、想定以上に株価が下がることがありますので、注意が必要です。このサインを利用して買いを入れる場合は、その銘柄が過去の急落局面で25日移動平均線からどの程度離れたところで反発しているかを検証したり、そのほかのテクニカル指標を併用したりして活用するとよいでしょう。

84

買いのサイン③

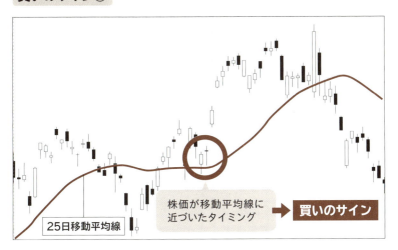

買いのサイン④

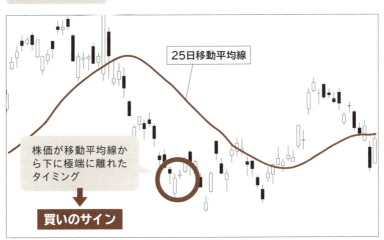

概要
3章　基本的な値動きの見方

09
グランビルの法則から
考える売りのサイン

グランビルの法則（４つの売りのサイン）

　前節ではグランビルの法則を用いた買いのサインを紹介したので、ここからは、グランビルの法則の４つの売りのサインについて解説していきます。

　①株価が上昇トレンドを続けたあとに天井を打ち、25日移動平均線が横ばいか下向きとなったところで、株価が25日移動平均線を下に突き抜けたタイミングです。すでにその銘柄を持っている場合は、利食い売り（値上がりしたタイミングで株を売ること）のポイントなりますし、その銘柄を持っていない場合は、空売り（実際に保有していない銘柄を証券会社から株を借りて売り、その後に買い戻して差額を利益にすること）を入れるタイミングと考えてもよいでしょう。

　②①の売りのサインが出て株価がさらに大きく下がったあと、下向きになった25日移動平均線を株価が上に突き抜けたタイミングです。株価は25日移動平均線の上に突き抜けていますが、25日移動平均線は下向きで下落トレンドを示しており、ここから下落していく可能性があるため、売りのポイントになるというわけです。①の売りのサインで売れなかった場合には株を売却するポイント、または①の売りのサインのあと、自律反発期待で株を買っていた場合（84ページ④参照）は利食い売りのポイントと考えることができます。

86

グランビルの法則（売りのサイン）

売りのサイン①

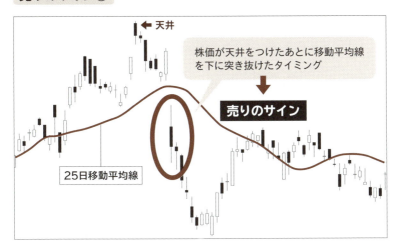

売りのサイン②

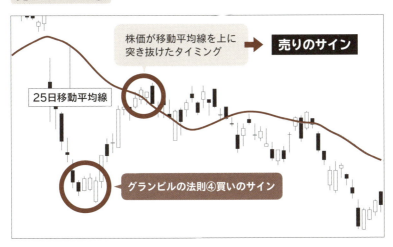

多くの人が見ている移動平均線を利用する

　③②の売りのサインのあとに再び株価が25日移動平均線を下に突き抜けて下落したあと、上昇に転じて下向きの25日移動平均線付近まで戻ってきたタイミングです。実際には、株価が25日移動平均線の上に突き抜けられないこともあるので、株価が再び下がり始めたポイントを、売りのサインと判断するとよいでしょう。

　④84ページ④の買いのサインのあとに株価が大きく上昇し、株価が25日移動平均線から離れすぎたタイミングです。84ページ①の買いのサインの反対と考えてよいでしょう。ここでも25日移動平均線からどのくらい離れたところで売りなのかは定められていませんので、その銘柄の過去のチャートを見て、急騰時に25日移動平均線からどのくらい上に離れたところで天井をつける傾向があるかを調べたり、そのほかのテクニカル指標を併用したりして売るタイミングを判断するとよいです。

　これまで説明してきたように、グランビルの法則は株価と移動平均線の位置関係から売買タイミングを判断していくわけですが、考え方は非常にシンプルです。株価は移動平均線から離れすぎると移動平均線まで戻ってくる習性があるので、この習性を利用して売買のタイミングを判断しようという考え方です。

　また、この考え方はより多くの人が見ている移動平均線を見たほうがよいことを示しています。多くの人が見ている移動平均線ほど、株価と移動平均線が大きく離れたときに、株価が移動平均線まで戻る力が大きく働きやすいからです。ここでは25日移動平均線を用いて説明しましたが、銘柄によってフィットする移動平均線は異なりますので、過去の値動きでどの移動平均線がフィットしているのかを調べて活用するとよいでしょう。

売りのサイン③

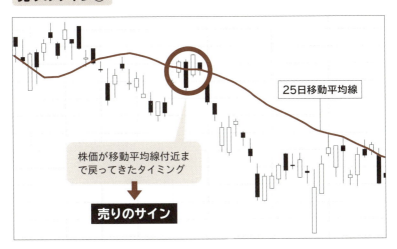

売りのサイン④

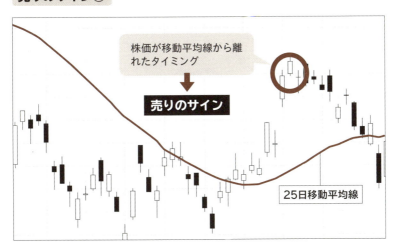

概要

10
3章 基本的な値動きの見方

トレンドに乗るには
どうするの?

トレンドにいかにして乗るか

　トレンドとは、「傾向、流行、趨勢」といった意味がありますが、株式投資におけるトレンドは「傾向」や「趨勢」を意味しています。

　株式投資でのトレンドには「上昇トレンド」「下落トレンド」「横ばいトレンド」という3つの種類があります。

　上昇トレンドとは、株価が直近の安値を下回らずに直近の高値を更新していくような状態が続くことを指します。株価が上昇する過程で小さな株価の上下動はありますが、最終的には上昇する株価の動きです。

　下落トレンドは上昇トレンドの逆で、株価が直近の高値を上回らずに下落し、直近の安値をさらに下回っていくような状態が続くことを指します。株価が下落する過程で短期的な株価の上下動はありますが、最終的には下落していく株価の動きです。

　横ばいトレンドとは、上昇トレンドでも下落トレンドでもない、文字通りに株価が横ばいに推移するトレンドを指します。

　トレンドには特徴があり、一旦トレンドができると予想よりも長く、そのトレンドが続く傾向があるのです。

　株式投資を成功させるためには、株価が上昇してくのか、下落していくのか、などとトレンドの方向を見定め、そのトレンドの方向に順張り（上昇トレンドの初期段階で株を買い、下落トレンドになったら売る手法のこと）をしていくことが重要になります。

90

トレンドの種類

上昇トレンド

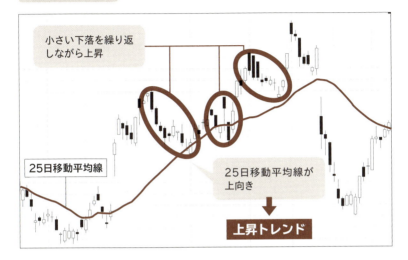

下落トレンド・横ばいトレンド

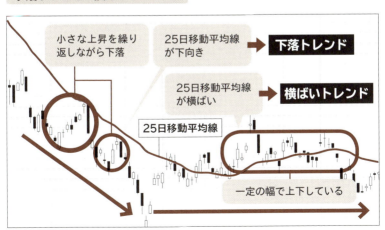

トレンドの判断方法

　下落トレンドのときにトレンドに逆らって買いを入れることはせずに、下落トレンドが終わり、上昇トレンドに戻ったことを確認してから買ったほうが勝率は高くなります。上昇トレンドが続いているうちは、素直にトレンドに乗って買いを入れたほうが勝率は高くなるでしょう。

　では、トレンドはどのように判断するとよいでしょうか？

　トレンドを判断する方法として一番簡単なのは、移動平均線を利用した判断方法です。82ページで移動平均線と株価を組み合わせて売買のタイミングを判断する方法を紹介しましたが、移動平均線からだけでも判断することができます。

　長期のトレンドであれば200日移動平均線や75日移動平均線、中期のトレンドであれば50日移動平均線や25日移動平均線、短期のトレンドであれば5日移動平均線や15日移動平均線というように、知りたい期間のトレンドに合わせて利用する移動平均線の期間を変えて判断します。

　移動平均線が右肩上がり（上向き）だと上昇トレンド、右肩下がり（下向き）だと下落トレンドとなり、線の傾きの角度が急であるほど強いトレンドといえるでしょう。線が平行であれば、横ばいトレンドです。もちろん、どの移動平均線が一番よいのかは銘柄によって異なりますので、過去の株価と移動平均線の推移を確認してその銘柄に合っている移動平均線を使いましょう。

　また、移動平均線に対して株価がどのような値動きをしているのかも重要なサインです。移動平均線の向きが上向きで株価が移動平均線よりも上で推移していれば、強い上昇トレンドとなり、移動平均線の向きが下向きで株価が移動平均線よりも下で推移していれば、強い下落トレンドと判断できます。

移動平均線からトレンドを判断する

移動平均線の期間

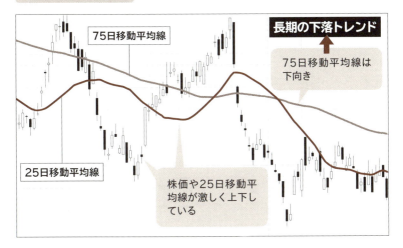

強いトレンド

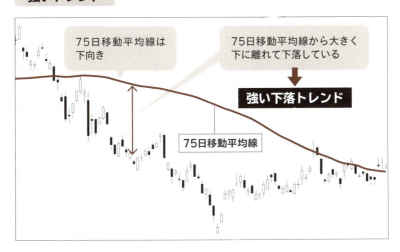

概要

11
移動平均線のパターンからわかること

3章 基本的な値動きの見方

移動平均線のパターンからわかること

移動平均線を利用してさらに詳しくトレンドを判断するには「ゴールデンクロス」と「デッドクロス」を利用してトレンドを判断します。

ゴールデンクロスとは、短期の移動平均線が長期の移動平均線を下から上に突き抜けることを指し、強い上昇トレンドが開始されたサインとなります（右上図参照）。

ただし、注意しなくてはならないのが、長期移動平均線の向きです。長期移動平均線が上向きか横ばいのときに発生するゴールデンクロスは、強い買いのサインとして捉えることができますが、長期移動平均線が下向きのときにゴールデンクロスが発生しても強い買いのサインにはならないことが多いです。

デッドクロスとは、短期の移動平均線が長期の移動平均線を上から下に突き抜けることを指し、強い下落トレンドの開始サインとなります（右下図参照）。

デッドクロスの場合も長期移動平均線の向きが重要で、長期移動平均線が下向きか横ばいのときに発生したデッドクロスは強い売りのサインと捉えられますが、長期移動平均線が上向きのときに発生したデッドクロスは強い売りのサインにはならないことが多いです。

ゴールデンクロス

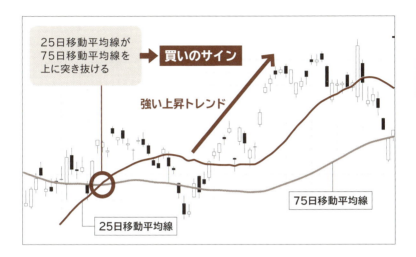

デットクロス

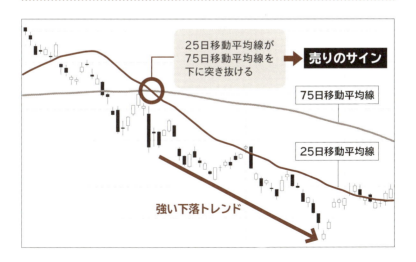

見る指標によって移動平均線を変える

活用する移動平均線の種類は、大型株（東証１部の銘柄のなかで、時価総額と流動性が高い上位100位の銘柄）や日経平均のトレンドを判断するときには50日移動平均線と200日移動平均線の組み合わせがフィットしやすく、新興市場に上場している銘柄や中小型株のトレンドを判断するには25日移動平均線と75日移動平均線がフィットすることが多いです。

トレンドが崩れにくいパーフェクトオーダー

なお、ゴールデンクロスとデッドクロスが発生したあとも上昇トレンドが長期間続く状態を「パーフェクトオーダー」と呼びます（60ページ参照）。パーフェクトオーダーの状態になると、トレンドはより一層崩れにくくなります。

パーフェクトオーダーになっていると判断する方法は、短期、中期、長期の３本の移動平均線の位置関係と向きで判断します。

チャート上での移動平均線の順番が上から「短期、中期、長期」と並んでいて、３つの移動平均線の向きがすべて上向きになっていると上昇トレンドのパーフェクトオーダーとなり、強い買いのサインであることを示します。

反対にチャート上での移動平均線が上から「長期、中期、短期」と並び、３つの移動平均線の向きがすべて下向きになっていると下落トレンドのパーフェクトオーダーとなり、強い売りのサインであることを示します。

３種類の移動平均線の組み合わせは「15日、25日、75日」や「20日、50日、200日」の組み合わせなどが代表的なところですが、やはり銘柄によって一番フィットする移動平均線は異なりますので、過去の株価と移動平均線の推移を確認して決めるとよいでしょう。

上昇トレンドのパーフェクトオーダー

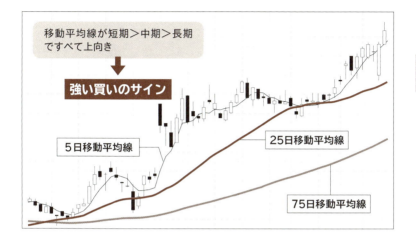

下落トレンドのパーフェクトオーダー

概要

12
トレンドラインで
トレンドを判断する

3章　基本的な値動きの見方

下落トレンドを判断する支持線

　トレンドラインには、支持線と抵抗線の2種類あります。かつ、それぞれ水平線と傾きがある線の2種類があります。この傾きがある支持線、抵抗線で、上昇トレンドにあるのか、下降トレンドにあるのかを判断できます。

　支持線が右肩上がりになっているときは上昇トレンドが発生していることを意味します。一方、**抵抗線が右肩下がりのときは下落トレンドが発生している**ことを示しているのです。

　線の角度の大きさに関わらず、株価が支持線付近まで下落してくると、一時的に下落したあとに反転し上昇することを期待して買う「押し目買い」などによって買い需要が増えます。すると、株価は支持線より下には下がりにくくなります。

　また、株価が抵抗線付近まで上昇してくると、今度は売り圧力が増える（売ろうとする人が増える）ので、株価は抵抗線より上には上がりにくくなってしまいます。

　トレンドが発生しているといっても、株価が数カ月間も延々と上がり続けることはありませんし、逆に延々と下がり続けることもありません。トレンドは、細かく上がったり下がったりを繰り返しながら、大きく見ると上がっていく、もしくは下がっていく動きをします。

98

右肩上がりの支持線

右肩下がりの抵抗線

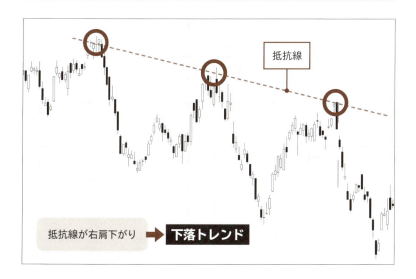

上昇トレンドを判断する抵抗線

　株価がどの価格まで上昇するかを判断したいときは、抵抗線を使います。例えば、過去の株価上昇局面で1500円まで上昇すると株価が下がる銘柄Aがあるとします。そのときの銘柄Aのチャート上で、高値と高値を線で結ぶと1500円に水平の抵抗線が引けます。この場合、銘柄Aは株価が1500円付近になると売りたい人が増えるため、株価は1500円付近に達すると下がってしまうと見通しをつけることができます。また、過去のチャートを見返して、何度も1500円付近まで上昇したあとに株価が下がっている場合、強い抵抗線と捉えられるでしょう。

　なぜ一定の株価まで上昇したあとに下落を繰り返すのかというと、過去に高値付近で株を買って、売り逃げられずに持ち続けている人が多いからです。特に株価上昇局面の天井圏は、多くの人が注目して頻繁に売買される傾向があるため、このようなケースが多くなります。

　先ほどの銘柄Aの場合だと、過去に1500円付近で銘柄Aを買い、株価が上昇しなかったために銘柄Aを売ることができず、含み損（保有する銘柄のうち、買値より株価が下がった銘柄のこと）を抱えたままの人がたくさん出ます。その後、株価が買値（1500円）まで戻ってきたところで「やれやれ、ようやく含み損がなくなったから、また下がらないうちに早めに処分しよう」という心理状態となって売りが入りやすくなり、過去の高値近辺では売り圧力が強くなるというわけです。

　また、上記の例とは反対に支持線では、支持線よりも株価は下がりにくくなります。このとき、押し目買いを狙っている人が買いを入れやすくなることで株価が反発しやすくなっているのです。

　このように、チャート上にトレンドラインを引くことで、株を売買したい人たちの心理がわかるようになりますし、値動きの予想ができるようになるので、売買のタイミングを判断することができるでしょう。

抵抗線における投資家心理

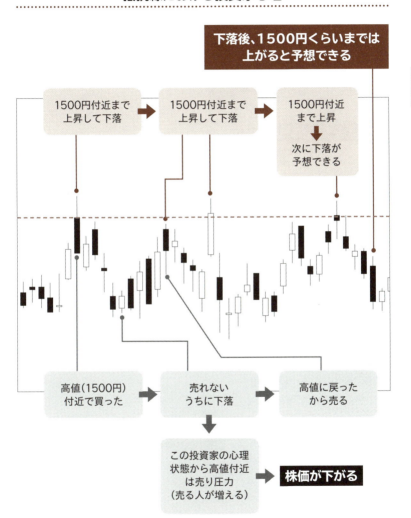

概要

13

3章　基本的な値動きの見方

支持線と抵抗線から
わかること

支持線と抵抗線の役割

　62ページでは、支持線と抵抗線についての説明をしましたが、ここでは支持線と抵抗線の活用方法についてさらに説明していきます。

　抵抗線は、**利益確定（利益が出たときに決済すること）や空売りをする株価を決めるときに利用できます**。抵抗線を活用して空売りを入れる際には、抵抗線で株価が跳ね返されて下落したことを確認してから空売りを入れるほうがうまくいく可能性が高いでしょう。

　トレンドは予想よりも長く続く傾向がありますので、上昇トレンドが下落トレンドに転換されたことをしっかりと確認してから空売りを入れたほうが勝率は高まるというわけです。

　一方、**支持線は押し目買いや空売りを買い戻す株価を考えるときに利用できます**。押し目買いを入れる場合も、株価が確実に反発したと確認してからの買いを入れるほうが、成功率は高くなるでしょう。

　そして、支持線と抵抗線の活用法においてもうひとつ覚えておきたいポイントがあります。それは、**支持線や抵抗線を株価が超えると支持線と抵抗線は逆の働きになる**ことです。

　支持線Ａを株価が下回ると、支持線Ａが抵抗線となり、株価は支持線Ａより上には上がりにくいラインとなります。反対に、抵抗線Ｂを株価が越えてくると、抵抗線Ｂは支持線となり、株価は抵抗線Ｂより下には下がりにくいラインとなるのです。

102

抵抗線で空売りを入れる

抵抗線

抵抗線で跳ね返され下落したことを
確認したら空売りを入れるサイン

空売り
保有していない株を証券会社に借りて売ること。株価
が安くなったら買い戻すことで差額が利益になる

支持線で買いを入れる

押し目買い
上昇中の相場で一時的に下がるタイミ
ングを狙い買いを入れる（押し目買い）

支持線

支持線で反発し上昇
したことを確認した
ら買いのサイン

3章 基本的な値動きの見方

支持線と抵抗線の転換を利用した投資法

　では、なぜ株価が抵抗線や支持線を超えると、それぞれ逆の働きになるのでしょうか。

　まず、抵抗線が支持線になる場合ですが、前述のように抵抗線は一般的に利益確定や空売りをするポイントとして考えられています。そのため、株価が抵抗線を勢いよく超えると、売りたい人はすでに利食い売りをしてしまっていますので、売りたい人は少なく、売り圧力は低い状態です。さらに空売りをかけている人が多い状態ですので、空売りをかけている人たちは予想外に株価が上昇してしまったことから、空売りを精算するために買い戻しをしなくてはなりません。つまり、売り需要が少ないなかで買い需要が多い状況になりますので、株価が上昇しやすくなります。そうすると、抵抗線の上で株価が推移することになるので、抵抗線が今度は支持線に転換するわけです。

　株価が支持線を下抜ければ上記の例と反対の状況になります。株価が支持線を下抜けると、空売りの精算買いはすでに済まされている状態です。また、押し目買いがたくさん入っているなかで株価が下がっていきます。そうすると、押し目買いをした人は損切り売りを考えるようになりますので、売り需要が膨らんだ結果、株価が下がりやすくなり、支持線が抵抗線になるわけです。

　このように、**株価が抵抗線や支持線を超えたタイミングを利用して投資する方法を「ブレイクアウト投資法」といいます**。ただし、ブレイクアウト投資法は成功すれば大きな利益になるかもしれませんが、成功率は低くなります。

104

ブレイクアウト投資法で買うタイミング

支持線を突き抜けると売りのサイン

概要

14

3章　基本的な値動きの見方

チャートを見て
銘柄を判断する

チャートで買ってよい銘柄か判断する

　チャートを見て、買えば利益が出る銘柄かどうかを判断する最大のポイントは、**移動平均線や支持線、抵抗線を活用して中長期のトレンド分析を行い、上昇トレンドの銘柄を探し、その上昇トレンドの銘柄に乗ることでしょう。**上昇トレンドの銘柄に乗ることは難易度の低い投資法だともいえます。

　もちろん、下落トレンドの銘柄の反転を狙うという方法もあります。株価は下がれば下がるほど割安に見えるので、ここまで下落して割安になったから買おうという気持ちになるのも無理はありません。そして、そのように投資を行う（逆張り）こともあります。

　しかし、下落トレンドの銘柄の反転を狙う方法は難易度が高いです。これには2つの理由があります。1つ目は何度もいうように、トレンドは長く続く傾向があるということ。2つ目は失敗を認めること、つまり損切りをすることが難しくなることです。

　下落トレンドの反転を狙う場合の株を買う基準は、株価が割安に見えることですが、株を買ったあとに株価が下がると、さらに割安に見えるわけですから、追加で購入することが正しくなってしまいます。しかし、トレンドは長く続くので、株価が下がって割安になっていることを理由に追加で購入すると、さらに損失を拡大させることにつながることになりやすいのです。

106

トレンドを判断して売買する

上昇トレンドに乗る

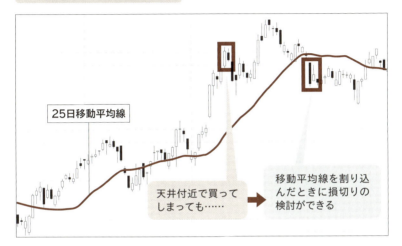

下落トレンドの反転を狙う

ファンダメンタルズと組み合わせる

　トレンドの判断は難しいと感じるかもしれませんが、たくさんの
チャートを見ているうちに、見慣れてくるので、トレンドの判断もしや
すくなるでしょう。そして多くのチャートを見ていると、トレンドは思っ
ている以上に長く続くということがわかります。「このようなトレンド
を描いている銘柄は過去にこうなったケースがあるから、今後はこのよ
うになる」といった予想を立てられるようになれば、チャートの見方が
身についた、といってもよいでしょう。

　もちろん、**チャート分析をしたうえでファンダメンタルズを分析する
ことも忘れてはいけません。**

　チャート分析は、投資家の需給状況を分析するということです。買い
たい人が増えて需給がよくなれば株価は上昇しやすくなり、売りたい人
が増えて需給が悪くなれば株価は下落しやすくなります。チャート分析
をすれば需給が見えてきますので、その銘柄が買いなのか、売りなのか
を判断することができます。

　一方で、そもそもの投資家の需給は何によって決まるかというと、ファ
ンダメンタルズです。企業の業績や将来性はもとより、経済や金融市場
全体の状況や、その株価が割安かどうかといったことが影響してきます。
ファンダメンタルがよくなると買いたい人が増え、ファンダメンタルズ
が悪くなると売りたい人が増えます。ですが、ファンダメンタルズは短
期間で急に変わるものではありません。したがって、**チャート分析と比
較するとファンダメンタルズ分析はより中長期の見通しに役立ちます。**

　銘柄の選択に一番よいのは、ファンダメンタルズ分析とテクニカル分
析を組み合わせて銘柄を選ぶことです。業績がよく、株価が割安な銘柄
を、株価が上昇トレンドのときに買うことができれば勝率は高まってい
くでしょう。

チャートからトレンドを判断する

トレンドをつかめるようになるまで

❶ 多くのチャートを見てチャートに慣れる

❷ チャートの動きのサンプルを揃える

❸ トレンドが思っているより長く続くことがわかる

❹ 過去の動きから次の動きを予想できる

ファンダメンタルズ分析と組み合わせる

チャート分析	ファンダメンタルズ分析
投資家の需給状況から、その銘柄が買いか売りかを判断する	企業の業績や金融市場全体の状況などから投資家の動きが予想でき、中長期の見通しが立つ

業績がよく、株価が安い銘柄を上昇トレンドのときに買う

Column 3 トレンド系テクニカル指標

テクニカル指標の種類

　本書で紹介している移動平均線は、「テクニカル指標」のひとつです。テクニカル指標には数多くの種類がありますが、大きく分けると「トレンド系テクニカル指標」と「オシレーター系テクニカル指標」の２つの種類に分類され、さまざまな種類の指標があるのです。

　トレンド系テクニカル指標とオシレーター系テクニカル指標の使い分けは、トレンド系テクニカル指標で中長期のトレンドを掴み、オシレーター系テクニカル指標で短期の売買のタイミングを探っていくなどと使い分けるとよいでしょう。ですので、トレンド系で１つ、オシレーター系で１つ、自分の得意な（使いやすい）テクニカル指標を見つけられるのが理想です。

テクニカル指標の分類

トレンド系
テクニカル指標

・移動平均線（MA）

・一目均衡表

・エンベロープ

・ボリンジャーバンド

・MACD

　　　　　　など

オシレーター系
テクニカル指標

・RSI

・RCI

・ストキャスティクス

・移動平均線乖離率

・サイコロジカルライン

　　　　　　など

4章

理論

チャート
パターンの
セオリー

この章では、「このチャートのかたちになったら、この
ような値動きをしやすい」というような、値動きのセオ
リーを紹介します

理論
01

理論
01

4章　チャートパターンのセオリー

株価が急上昇する
上放れ

株価が一気に上昇する上放れ

　本章では、株を買うのに一番よいタイミングといえる上昇トレンドが始まる具体的なタイミングはいつなのかを解説していきます。

　さまざまなパターンがあるので一概にはいえませんが、**上昇トレンドが始まるタイミングが一番わかりやすいのは、株価が揉み合って（小さな上下を繰り返して）から一気に上昇するパターンです**。株価が一気に上昇することを「上放れ」といいます。このとき重要なことは、直近の数カ月間では見られないほど大きな出来高をつけて（３カ月平均の10倍増以上が理想）上昇していることです。

　過去数カ月の平均の何倍もの出来高をつけて大きく上昇するということは、多くの人がその銘柄に注目するほどの大きな材料（ニュースなど）が出た場合が多いです。そのため、この株価の上昇はどのようなニュースが要因となって発生したのかに注目することが大切になります。

　一時的に業績を拡大させるようなニュースではなく、中長期的に見て業績が拡大していくことを連想させるようなニュースであるほうが望ましいです。理由は、一時的に業績を拡大させるニュースでは長期の上昇トレンドにはなりにくいためです。なお、不景気のために中央銀行が金融緩和を行い、株式市場が全体的に上昇し始めたというような場合は、1つの銘柄だけでなく、数多くの銘柄が上放れの動きとなりますが、この場合ももちろん購入を検討してもよいタイミングとなります。

112

もみ合いからの上放れ

■上放れのイメージ

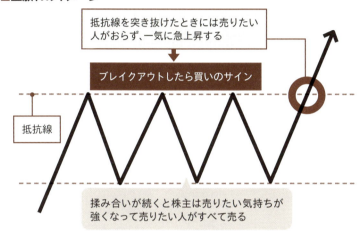

■上放れのチャート
〈タマホーム(1468)日足 2019年2月～8月〉

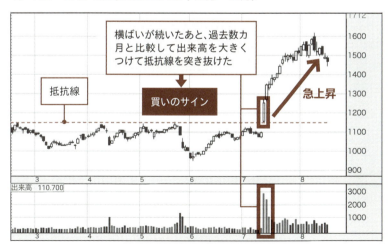

横ばいの期間が長いほど上昇しやすい

　株価が揉み合う期間には、長期から短期のすべての移動平均線が徐々に似たかたちをして横ばいになっていきます。揉み合っている期間が長いほど、その後の上昇が大きく、上昇トレンドの起点になる可能性が高くなります。特に横ばい期間が半年以上あると、強い上昇トレンドに発展しやすくなります。

　なぜ横ばいの期間が上昇トレンドになりやすいのかというと、**株価が長期間鳴かず飛ばずの状態が続けば、株主は上昇を期待できないことから株を売りたいという気持ちに傾きやすくなりますので、売りたい人は売ってしまう状態になります。そうなると、上昇トレンドが始まったとしても売る人がいない状態になり、上昇トレンドが長く続く傾向が高くなるわけです。**

　なお、株価が上放れる（株価が一気に上昇する）タイミングを見逃して株が買えなかったとしても、まだチャンスはあります。株価上放れのあと、上昇トレンドが始まったら、今度は押し目を狙って買いを入れることを検討しましょう。

　押し目のポイントは移動平均線を利用するとわかりやすいです。支持線として見る移動平均線は、過去の上昇局面で、何日の移動平均線が支持線になっていたかを確認し、一番フィットする移動平均線を選択しましょう。

　また、横ばいではなく、緩やかな上昇トレンドのあとに出来高が急増して株価が上放れるケースもありますが、このパターンも買いのサインと考えることができます。ただし、横ばいからの上放れと比較するとすでに株価水準が高い位置から一段と高くなり、割高なところで株を買うことになりますので、損切りと利食い売りをこまめに検討していく必要があるでしょう。

114

上放れの買いのサイン

■上放れの買いのサインを逃したら
〈ライドオンE(6082)日足 2019年2月～8月〉

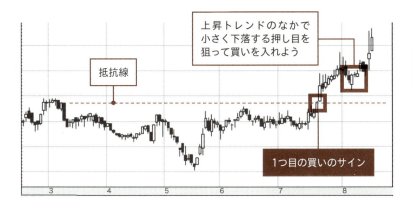

■緩やかな上昇トレンドからの上放れ
〈LIXIL(5938)日足 2019年6月～7月〉

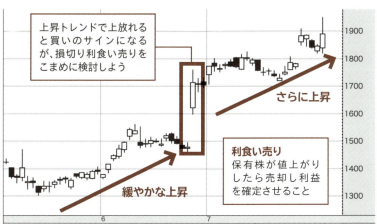

理論
02
4章 チャートパターンのセオリー

売り切るまでの値幅
値幅調整と日柄調整

調整の多くは値幅調整

　業績や売り上げがよい銘柄でも、いつまでも上昇が続くわけではありません。強い上昇トレンドでも必ず調整をしますが、それは株価が移動平均線から離れすぎると移動平均線まで戻る習性があるからです。**調整がある理由は、株を買った人は株を買うと、今度は株を売る立場になるので、株価が上昇すれば利食い売りが入りやすくなります。株を持っていない場合でも、相場が過熱感（買われすぎ、売られすぎ）のある水準となれば、空売りが入って株価が下がりやすくなる**というわけです。

　このように投資家が株を売ることによって株価が調整するわけですが、どの水準で売りを入れたくなるのかは投資家によって違うので、強い上昇トレンドの場合、上昇しては一定の売りが入って調整し、過熱感が落ち着くと再度上昇が再開されるといった流れになります。

　株価が調整するパターンは、株価が下がって調整する「値幅調整」と、株価が横ばいで推移する「日柄調整」の2種類があります。その種類によって今後の株価どう動くかを予想することができるのです。

　一般的な調整は、株価が下がって調整する値幅調整です。上昇トレンドの最中である程度の期間買いが続いて株価が過熱感のある水準まで上昇すると、株価的に過熱感のない水準まで株価が下がります。そうすると、割安になったと考えた投資家が買いを入れることによって株価が反発します。これが一般的な値幅調整といえるでしょう。

116

値幅調整

■**値幅調整のイメージ**

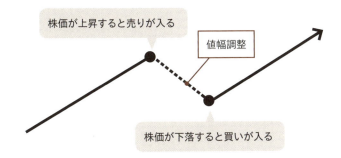

■**チャートで見る値幅調整の例**
〈シグマクシス(6088)日足 2019年2月〜8月〉

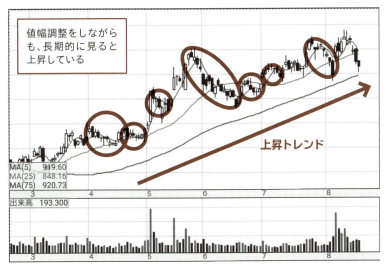

日柄調整は買いのサインになる

　一方で、株価が横ばいで推移して、日柄（時間）で調整するのが日柄調整です。

　日柄調整が発生するタイミングは、企業の有望な業績見通しなどによって、この先の株価が上昇すると考えている投資家が多いときです。

　例えば、決算発表で業績がよいと発表されれば、一般的には株価が上昇することを期待しますよね。このように考える投資家が多い状態のときは、少しでも株価が下がってくると、買いのチャンスだと考えて買いを入れる投資家が多い状況ですので、少し下がっては押し目買いが入って株価が戻る、といったことの繰り返しになります。そのため、一般的に発生する値幅調整のように株価が下がることはなく、横ばいで推移する傾向があります。

　しばらく横ばいの状態が続き、株を売りたい投資家がすべて売ってしまった状況になると、需要が供給を上回るようになるため、再び上昇していくのです。

　つまり、**日柄調整が発生するということは、この先の株価が上昇すると見ている投資家が多いことが示されていますので、強い上昇相場の状況といえるでしょう。**

　値幅調整であれ日柄調整であれ、買いたい人がすべて買ってしまえば調整が起こりやすくなり、売りたい人がすべて売ってしまえば今度は反発が起こりやすくなることは変わりありません。

　したがってどこで調整が終了するかは、値幅調整の場合は株価が割安と思える水準まで調整することであり、日柄調整の場合は期間的に売る人はすべて売ったと思える状況になることです。

　そして、確率的には発生の低い日柄調整があれば、買いのサインですので、購入を検討してもよいでしょう。

日柄調整

■日柄調整のイメージ

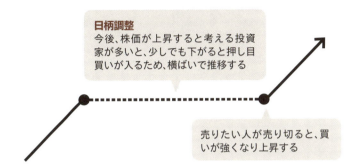

■チャートで見る日柄調整の例
〈メニコン（7780）日足 2019年2月〜8月〉

理論

03

4章　チャートパターンのセオリー

上昇を示唆する
カップウィズハンドル

コーヒーカップのかたちをしたチャート

　アメリカのウィリアム・J・オニールという投資家は成長株を好み、40年もの間、投資で成功を収め続けました。オニールの著書のなかで自身が好む株価チャートパターンとして紹介されているのが「カップウィズハンドル」です。カップウィズハンドルとは、コーヒーカップのようなかたちをしたチャートパターンです（右図参照）。

　このチャートパターンが発生する順序として、①何か大きな材料が出て株価が上がり、②ある地点を天井として株価がゆっくりと下がっていって大きな半円の左半分を描き、③徐々に株価が上昇して半円の右半分を描き、④一旦反落して小さな下半分の半円の左半分を描き、⑤そのあと上昇して半円の右半分を描きます。①〜③がコーヒーカップにあたり、④と⑤がカップのハンドル（取っ手）部分です。ハンドルの始まり部分の株価（A）をハンドルの終わりの株価（B）が更新した地点がブレイクポイントとなり、そこから株価が上昇していく傾向があります。

　なぜこのようなかたちになるのかというと、**よい材料が出たとしても株価が永遠に上昇し続けることはなく、必ず調整をするからです**。このチャートパターンでは、値幅調整が起こってカップの左半分が描かれます。しかし、最初に出た材料が本当によい材料である場合はある程度株価が下がったところで見直しの買いが入るようになり、株価が反発してカップの右半分が描かれるわけです。

120

カップウィズハンドル

カップウィズハンドルとは、コーヒーカップのようなかたちをしたチャートパターンで株価の上昇を示す

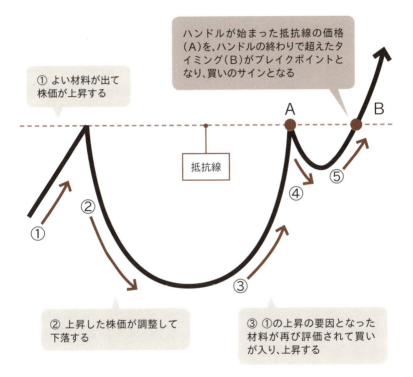

なぜカップのかたちを描くのか

カップの左側の高値まで株価が上昇すると、そこから株価が調整します（右上図参照）。このとき**なぜ調整するのかというと、カップの左側の高値（A）で株を買った人の売りが入るからです**。このAで株を買った人は、カップの左半分の株価が下落する局面では、高値で株を買ったことを後悔している状況となります。

しかし、好材料が再び評価されてカップの右側部分にあたる上昇をしていき、Aの高値水準まで株価が戻ってくると（B）、Aで買っていた人たちは「やれやれようやく損失がなくなった」と判断して株を売ってきます。いわゆる「ヤレヤレ売り」です。しかし、材料がカップの右半分を駆け上るほどの再評価をされた内容であることや、**Aで購入した人がBで売ってしまえば、その後の売りは少なくなることから、ヤレヤレ売りが終わると株価はすぐに反発してハンドル部分の右半分を駆け上がって株価が上がっていきます**。

カップウィズハンドルはカップ左側の高値とカップ右側の高値は同じ株価水準です。したがってそれを結んだ線が抵抗線となります（右下図参照）。抵抗線を大きな出来高をつけた株価が超えてくると、ブレイクアウトが発生します。抵抗線を株価が上抜けたと判断した人が買いを入れやすくなり、抵抗線付近で反落すると予想して空売りを入れていた投資家が買い戻すので、そこから株価が上昇しやすくなるというわけです。

なお、カップウィズハンドルと同じようなチャートパターンで「ソーサーウィズハンドル」というパターンがあります。カップと異なり、ソーサーですから、カップ部分の値幅が小さく、お皿のように見えるのでソーサーウィズハンドルというわけですが、こちらは主に底値圏で発生するチャートパターンで、カップウィズハンドルと同じような見方で、ハンドル部分のブレークで買いのサインと判断します（154ページ参照）。

122

カップウィズハンドルから上昇が開始する例

■ハンドルができる要因

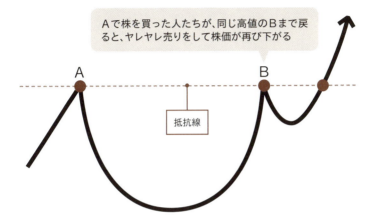

■チャートで見るカップウィズハンドル
〈メドレックス（4586）日足 2019年2月～8月〉

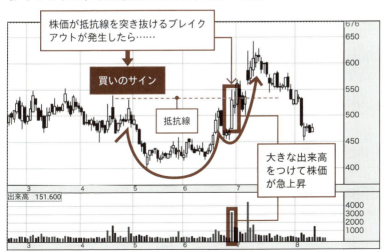

理論

04
ダブルトップと
ダブルボトム

4章　チャートパターンのセオリー

強い売りを示すダブルトップ

　トレンドが転換するときに現れやすい2つのパターンを紹介します。

　「ダブルトップ」は、アルファベットの「M」を描いたチャートパターンで**強い売りのサイン**となります。右側の山の頂点である高値が、左側の山の高値よりも低いと、さらに強い売りのサインとなります。

　ダブルトップになるポイントとしては、①株価が上昇したあとに一旦下落し、②反発するけれども直近につけた高値を更新できずに反落し、③直近の安値のラインであるネックラインを下回っていきます（右上図参照）。下落トレンドとは直近の高値を上回ることができずに直近の安値を下回ることを続けていくことですが、ダブルトップはまさに下落トレンドの値動きを辿っているのです。

　ただし、すべてのダブルトップがトレンド転換のサインとなるわけではなく、天井圏で発生することがポイントとなります。下落トレンド時に出れば売りのサインになりますが、転換のサインにはなりません。

　また、下落するときに出来高を前日よりも拡大させて下落し、反発するときは前日よりも出来高を減少させて上昇すると、下落トレンドに入った可能性が高いといえます。

　天井圏でダブルトップができると、投資家は再び直近の高値を超えていく可能性は低いだろうと考えます。そして、株価が下落すると「やはり高値を超えなかった」と売る人が急増して下落が加速するのです。

124

ダブルトップ

■**ダブルトップのイメージ**

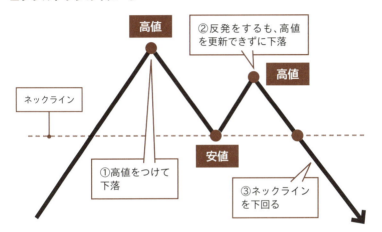

■**チャートで見るダブルトップ**
〈ユニファミマ（8028）日足 2018年9月～2019年3月〉

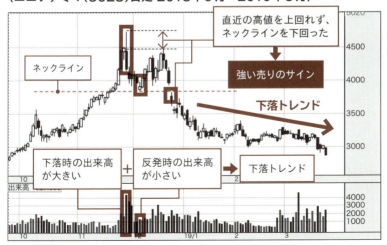

強い買いを示すダブルボトム

「ダブルボトム」はダブルトップの反対で、アルファベットの「W」を描いたかたちを指し、**買いのサイン**を示します。

ダブルボトムは、①株価が下落したあとに一旦反発するのですが、②直近の安値を下回らずに再度反発し、③直近の高値のネックラインを上に突き抜けていくかたちとなります（右上図参照）。ダブルボトムは、底値圏で出ることと、株価が反落したときに直近の安値を下回っていないことが重要です。底値圏で出れば下落トレンドが終わり、上昇トレンドに向かう可能性が高いといえます。

ダブルトップと同様に、ダブルボトムが発生した際にも株価と出来高の組み合わせに注目しましょう。株価が上昇するときには前日よりも出来高を拡大させて上昇し、下落時には前日よりも出来高を減少させて下落するとより強い買いのサインであることを示します。

ここで紹介したダブルトップとダブルボトムが発生したときには、**ほかのチャート分析と一緒に活用するとより正確に判断できるでしょう。**例えば、ダブルトップが過去の高値を結んだ抵抗線付近で発生すればより高い確度で下落トレンドへのサインとなるでしょうし、ダブルボトムが過去の安値を結んだ支持線付近で発生すれば高い確度で上昇トレンドへの転換サインとなるでしょう。

なお、ダブルボトムやダブルトップになったものの、その後の値動きがセオリー通りに動かないこともあります。その場合は、損切りを検討しましょう。ダブルトップのあとに損切りをするタイミングは、直近の高値を結んだ抵抗線を株価が上回ったときです。ダブルボトムのあとに損切りをするタイミングは、直近の安値を結んだ支持線を株価が下回ったときとなります。

126

ダブルボトム

■**ダブルボトムのイメージ**

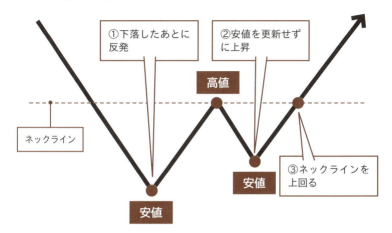

■**チャートに見るダブルボトム**
〈三井松島HD(1518)日足 2019年2月〜8月〉

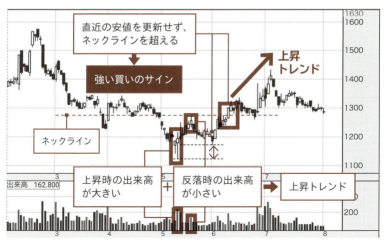

127

理論
05

トレンドが終わる
ヘッドアンドショルダー

4章　チャートパターンのセオリー

ヘッドアンドショルダー

　「ヘッドアンドショルダー」は相場の天井圏を示す典型的なチャートパターンで、これは酒田五法の三尊天井と同じです。3回天井をつけて、3つの山と2つの谷ができ、真ん中の山が一番高い山となるかたちです。真ん中の一番高い山が頭、左右の山が肩のように見えるため、ヘッドアンドショルダーという名前がつけられました。

　このチャートパターンが現れるのは天井圏です。ダブルトップと比較すると、発生する機会は少ないですが、発生した場合には**強い売りのサイン**となります。

　ヘッドアンドショルダーで売りを入れるポイントは、2つの谷を結んだネックラインが基準となっています。**ネックラインを下回ったタイミング、または一旦下回ったあとにネックラインまで戻ってきたタイミングが売りのポイントです**。また、このチャートパターンができて下落する際に、どこまで株価が下落するのかという目安は、ネックラインから真ん中の山までの値幅分と判断できるでしょう。

　ヘッドアンドショルダーの真ん中の山が完成するまでは直近の高値（右図A）を超えているので株価の勢いは強いですが、その後に売り圧力が強まり、直近安値（右図B）まで下がったところから勢いが弱まります。そして次の反発では直近高値（右図C）を超えられず、直近安値を下に突き抜けることで下落トレンドが確定するというわけです。

128

ヘッドアンドショルダー

■**ヘッドアンドショルダーのイメージ**

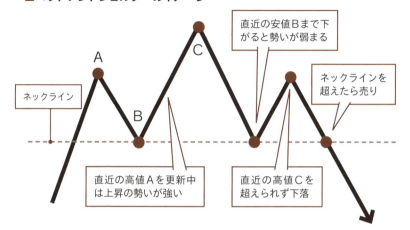

■**チャートに見るヘッドアンドショルダー**
〈三井住友建設（1821）日足 2018年12月～2019年6月〉

ヘッドアンドショルダーボトム

　なお、ヘッドアンドショルダーが反転したかたちのチャートパターンを「ヘッドアンドショルダーボトム」といい、酒田五法でいう逆三尊と同じです。ヘッドアンドショルダーとは反対の見方をするもので、底値圏で出れば相場反転、つまり上昇していくことを示唆しますので、**買いのサインとなります**。このチャートパターンの場合は、２つの山の頂点を結んだ線がネックラインとなります。

　ヘッドアンドショルダーボトムの真ん中の谷が完成するまでは直近の安値（右図Ａ）を下回っていますが、その後に買い圧力が強まり直近高値（右図Ｂ）まで上がったところから勢いが強まります。そして次の下落では直近の安値（右図Ｃ）まで下がらずにネックラインを超えることで上昇トレンドが確定するというわけです。

　買いのポイントは、ネックラインを株価が上に突き抜けたタイミングか、一旦ネックラインを上抜けたあと、反落してネックラインまで戻ってきたタイミングとなります。どこまで株価が戻るかの予想値はネックラインから真ん中の谷までの値幅分、ネックラインから上昇すると考えることができます。

　なお、ヘッドアンドショルダーもヘッドアンドショルダーボトムも、今までのトレンドの終わり付近で時間をかけて形成されることが多いチャートパターンです。長い時間をかけて形成していくので、多くの人が注目するために強い売買サインとなるのです。チャートパターンのかたちだけでも売買のポイントは判断できるのですが、移動平均線を併用して判断材料とすると、より判断の確度が高まります。

　例えば、ヘッドアンドショルダーボトムが発生したときに、移動平均線が上向きになって株価が移動平均線を上に突き抜けるかたちとなっていれば、より強い買いのサインとなるでしょう。

ヘッドアンドショルダーボトム

■ヘッドアンドショルダーボトムのイメージ

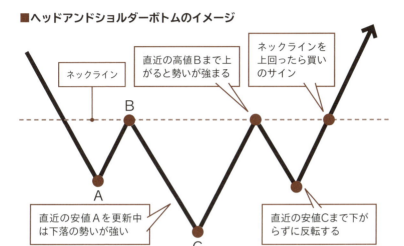

■チャートに見るヘッドアンドショルダーボトム
〈東芝テック（6588）日足 2019年2月〜8月〉

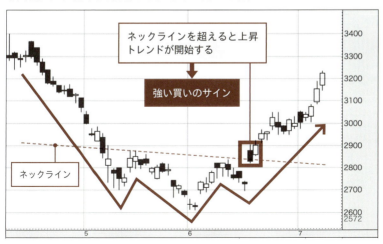

理論
06

4章　チャートパターンのセオリー

値幅を縮めながら上下する三角持ち合い

株価が天井か底をつけたあとに上下を繰り返す

　三角持ち合いとは、上昇トレンドや下落トレンドが続いて、一旦株価が天井か底をつけたあとに、徐々に値幅を縮めながら上昇と下落を繰り返して三角形のようなかたちをつくるチャートパターンを指します。

　一般的にトレンドの最中に発生する三角持ち合いは、株価が上昇しすぎて過熱した状況にあるときに売りたい人が増えていく状況（調整）が終われば、再度これまでのトレンドに戻ることが多いといわれています。

　ただし、実際には反対方向に動くこともあるので、三角持ち合いが発生したときは、じっくりと様子を見て、トレンドが確定してから投資スタンスを決めるとよいでしょう。つまり、最終的に上の抵抗線を株価がブレイクをすれば上昇トレンドとなり、下の支持線を株価がブレイクすれば下落トレンドになると考え、売るか買うかの投資判断をしていきます。このとき、ブレイクするローソク足の出来高が大きければ、その後にブレイクしたほうに大きく推移する確率が高まります。

　ただ、同じ三角持ち合いでも上昇トレンド後の三角持ち合いで、三角形の上辺が水平で、下辺が下値を切り上げるかたちになる場合は上昇三角形といい、調整が完了したあとは上昇トレンドに戻る可能性が高いといわれます。下辺が水平の場合は三角持ち合いはその反対で、調整が完了したあとは下落トレンドに戻る可能性が高いです。

132

三角持ち合いの種類

■均衡している三角持ち合い

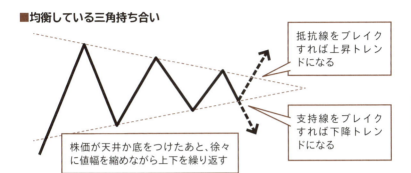

抵抗線をブレイクすれば上昇トレンドになる

支持線をブレイクすれば下降トレンドになる

株価が天井か底をつけたあと、徐々に値幅を縮めながら上下を繰り返す

■上辺が水平の三角持ち合い

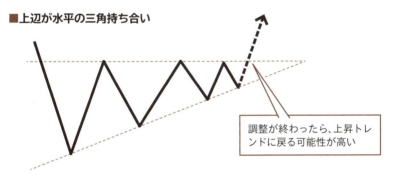

調整が終わったら、上昇トレンドに戻る可能性が高い

■下辺が水平の三角持ち合い

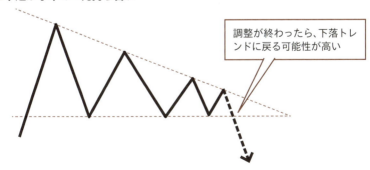

調整が終わったら、下落トレンドに戻る可能性が高い

トレンドが戻る理由

　三角持ち合いが発生したあとに、トレンドが戻る理由を考えてみましょう。まずは上昇トレンドの場合です。

　一旦天井をつけたあとに上昇トレンドが止まり、株価が上がらずに戻したとして、上値を切り上げずに横ばいになったとすると、確かに上昇の力は弱まっていますが、同時に下値も切り上がるかたちになっています。つまり、**上昇の力は弱まっていますが、それ以上に下落する力が弱まっている**ことを示唆しています。

　この下落する力、すなわち「売り」は、新規で売りが入っているというよりは、上昇トレンドに乗ってきた人達が、上昇トレンドは一旦終わったと思って売っているような状況と見るのが妥当でしょう。仮に新規の売りがその上に乗っているのであれば、下値が切り上がるかたちにはならないはずです。

　そのように考えていくと、**下値が切り上がっているのは利食い売り（利確）をする人が徐々に減っていることになり、利食い売りをする人が減ってくれば、再び上昇トレンドに戻る**と見ることができます。

　一方、下落トレンド後に発生する三角持ち合いで、三角形の下辺が水平で上辺が上値を切り下げるかたちになるときは下降三角形といい、調整が完了したあとは下落トレンドに戻る可能性が高まります。

　一旦底をつけたあとに下落トレンドが止まり、**株価が下がらずに反発しても徐々に反発の幅が小さくなっていくということは、新規の買いが入っているというよりは空売りをしている人たちの買い戻し**と考えられます。

　したがって、そのときに買っているのは主に空売りの買い戻しが中心といえるため、空売りの買い戻しが終われば自然と買いがなくなり、再び下落トレンドに戻ると考えられるわけです。

134

抵抗線をブレイクした三角持ち合い

〈テンアライド(8207)日足 2019年4月～8月〉

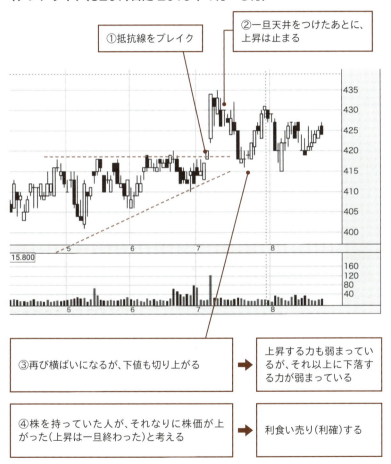

③再び横ばいになるが、下値も切り上がる → 上昇する力も弱まっているが、それ以上に下落する力が弱まっている

④株を持っていた人が、それなりに株価が上がった(上昇は一旦終わった)と考える → 利食い売り(利確)する

理論 07

4章　チャートパターンのセオリー

三角持ち合いの変化形
上昇・下降ウェッジ

上向きでも逆の動きをすることが多い

　132ページでは三角持ち合いについて説明をしました。ここでは紹介するのは、その三角持ち合いの変化形となる、「上昇ウェッジ」と「下降ウェッジ」です。

　上昇ウェッジは、株価の上下動の幅が徐々に小さくなりながら、高値も安値も切り上がってできる上向きの三角形の三角持ち合いです。下降ウェッジとは株価の上下動の幅が徐々に小さくなりながら、高値も安値も切り下がってできる下向きの三角形です。

　上昇ウェッジは上向きだから上昇トレンドを示唆するサイン、下降ウェッジは下向きだから下落トレンドを示唆するサインと見られがちですが、実は逆の動きをすることが多いのがポイントです。

　上昇ウェッジは下落トレンドを示唆するサイン、下降ウェッジは上昇トレンドを示唆するサインとなります。

　ただし、そうしたトレンドを示唆するように機能するには、出現位置が重要になります。**上昇ウェッジは天井圏で、下降ウェッジは底値圏で出現するとそれぞれ、下落トレンド、上昇トレンドを示唆するサイン**となります。

　つまり、上昇ウェッジが天井圏で出ると下落トレンドを示唆するわけですが、その理由とは何でしょうか。

136

上昇ウェッジと下降ウェッジのイメージ

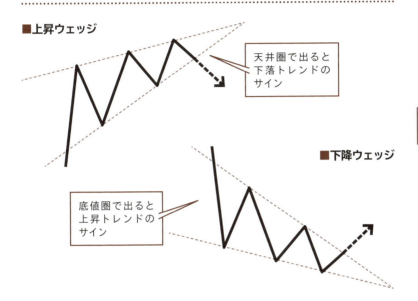

■上昇トレンドを示唆する下降ウェッジ
〈ソニー(6758)月足 2003年1月〜2019年8月〉

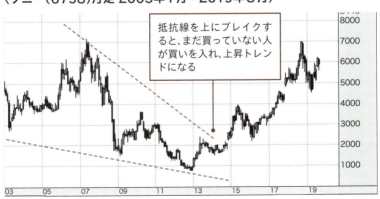

上昇ウェッジが下落を示唆する理由

　まず、上昇ウェッジは上値も下値も切り上がっていくわけですが、上値の切り上がりの角度のほうが下値の切り上がりの角度よりも緩やかになります。このために買い手は徐々に売ったほうがよいのではないかとの認識を持つようになります。

　このときの状態は新規の強い買いは入っていないまま、持っていた人達が利食い売り（利確）を入れている状態です。そして調整が終わったところで下値支持線を下にブレイクすると、売りたい気持ちなのにまだ売っていなかった人の損切り売りを巻き込んで下落トレンドとなる可能性が強いわけです。下降ウェッジはその反対のことがいえます。

上昇・下降ウェッジと似た上昇・下降フラッグ

　なお、上昇ウェッジや下降ウェッジに似たようなかたちで上昇フラッグと下降フラッグがあります。上昇フラッグは下降ウェッジと似たようなかたちですが、三角形ではなく、下向きの2本の平行線の間を行き来するようなかたちです。下降ウェッジと同様に、一見下がるように見えますが、上昇に転じることが多いチャートパターンとなります。

　一方、下降フラッグは上昇ウェッジと似たようなかたちですが、こちらも三角形ではなく、下向きの2本の平行線の間を行き来します。そして上昇ウェッジと同様に、上向きで一見上がるように見えますが、下落に転じることが多いチャートパターンとなります。

　ここまでいくつもチャートパターンをご紹介してきましたが、チャートパターンを見る際は出来高や移動平均線なども組み合わせて総合的な判断をするとよいでしょう。チャートパターンだけで株価を読み解くと、もちろんそれでうまく行くケースもあるでしょうが、「騙し」に引っかかることもよくあるので、総合的な判断が必要になります。

138

上昇フラッグと下降フラッグのイメージ

■上昇フラッグ

■下降フラッグ

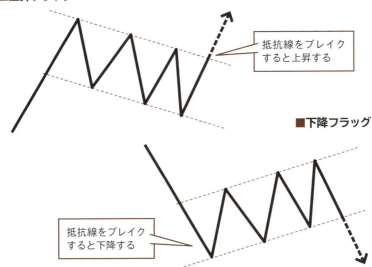

抵抗線をブレイクすると上昇する

抵抗線をブレイクすると下降する

■上向きに転じる上昇フラッグ
〈アース製薬（4985）日足 2019年3月～8月〉

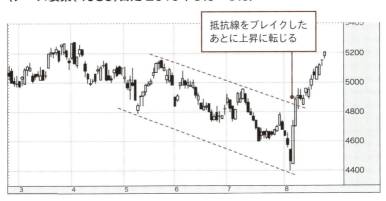

抵抗線をブレイクしたあとに上昇に転じる

Column 4 オシレーター系テクニカル指標

RSIを使ってみよう

　ここでは「オシレーター系テクニカル指標」を紹介します。

　トレンド系のテクニカル指標は中長期のトレンドを示すのに対し、オシレーター系のテクニカル指標はより短期の過熱感や値動きの方向性を示唆するものです。

　代表的なオシレーター系テクニカル指標のひとつである「RSI」は、設定した日数の株価の上げ幅を、上げ幅と下げ幅の合計で割った指標です。一般的に日数は14日を利用します。RSIは0～100の間を取り、例えば14日間一回も下げることなく上げ続けた場合RSIは100となります。RSIが70～80以上で買われ過ぎ、20～30以下で売られすぎを示す値となります。RSIのポイントは、横ばいの相場で有効的に機能することです。トレンドがはっきりしているときはあまり機能しません。

チャート上でRSIを見る例

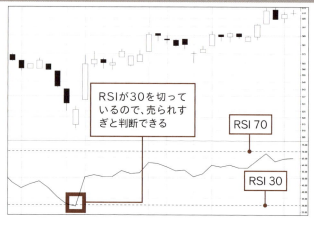

5章

実践

売買の
タイミング
ケーススタディ

この章では、これまでに紹介してきた基本的な値動き
やチャートパターンを組み合わせて、実際のチャート
を見ながら売買のタイミングを考えます

実践
01

5章　売買のタイミング ケーススタディ

売買のタイミング①
ローソク足から判断

ローソク足を使った売買

　1〜4章では、株価チャートを読むために必要な基本知識からローソク足の組み合わせやチャートパターンから予想できる値動きを解説してきました。本章では、これまでに解説してきたチャートパターンなどを用いて、実際のチャートを例に、実践的な売買のタイミングを考えていきます。

　まずはローソク足を使った売買についてです。トヨタ自動車（7203）の日足チャートを見てみましょう（右図参照）。

　Aの地点で大きな陽線がありますが、上ヒゲがないため陽線の大引け坊主となります。陽線の大引け坊主は買いの勢いが強いことを意味しますので、株価はこのあと上昇していくことが期待されるところです。

　このときに一緒に注目したいのが、移動平均線の向きと出来高です。Aで陽線の大引け坊主ができたときの出来高が前日よりも増えていることから、勢いが強いローソク足ということがわかります。さらに移動平均線は3本すべてが上向きになっていて、上から順に短期移動平均線、中期移動平均線、長期移動平均線、の順番で並んでいるのでパーフェクトオーダーです。

　これらのことから、**Aの陽線は強い買いのサイン**だと判断できます。実際にAの陽線から株価が上昇していることからも、Aは株を買うタイミングとして最適であったといえます。

142

ローソク足で個別銘柄を読み解く例①

〈トヨタ自動車(7203)日足 2017年11月～2018年2月〉

3本の移動平均線がすべて上向きで、上から短期、中期、長期に並ぶパーフェクトオーダーであるため、強い上昇のサインを示す

C 包み足
天井圏で陽線を陰線が包むかたちの包み足が発生すると、売りのサインとなる

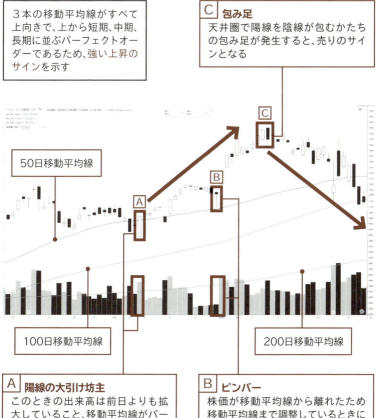

50日移動平均線

100日移動平均線

200日移動平均線

A 陽線の大引け坊主
このときの出来高は前日よりも拡大していること、移動平均線がパーフェクトオーダーであることから、強い買いのサインとなる

B ピンバー
株価が移動平均線から離れたため移動平均線まで調整しているときに長いヒゲが発生したこと、出来高が前日に比べて数倍に拡大していることから、強い意味(上昇)を持ち、買いのサインとなる

ローソク足から見る買いと売りのタイミング

　また、Bのピンバーに注目しましょう（143ページ参照）。株価が一時的に下がって下ヒゲができていますが、50日移動平均線付近で下げ止まっています。また、このときの出来高は前日よりも数倍に拡大しているため、**Bは強い買いを意味しているローソク足であることがわかります**。その後、陽線の大引け坊主を含む強い上昇が続いています。

　しかし、このあとにCで陰線の包み足が発生しています（143ページ参照）。天井圏で発生する陰線の含み足は、売りのサインとなるため、**Cの辺りで利食いをしたほうがよいことが示されています**。

株価指数のローソク足を見る

　ローソク足のパターンは、個別銘柄のチャートだけでなく、複数の銘柄から算出されている株価指数でも利用できます。

　東証マザーズ指数の日足チャートを例に見てみましょう（右図参照）。

　株価が大きく下落してきたあとに、Aで陽線の大引け坊主が出ています。出来高も前日より拡大していますので、その後の株価の上昇が期待できるローソク足のため、**Aは買いのサインと捉えられるでしょう**。そして実際にAの陽線から株価が上昇しています。ただし、このときの移動平均線の向きはすべて下向きになり、順番も上から長期移動平均線、中期移動平均線、短期移動平均線の順番で並んでいるため、逆パーフェクトオーダーになっています。これは強い下落を示唆しています。

　これらのことから、Aの陽線から上昇はするであろうものの、中長期のトレンドは下向きのために、一旦下がりすぎたことによって起こる短期的な反発の可能性が高いと判断できます。その後、100日移動平均線で株価が押さえつけられるかたちとなっており、**Bの時点で陰線の包み足、つまり売りのサイン**が出たあとに、株価は下がっています。

144

ローソク足で株価指数を読み解く例②

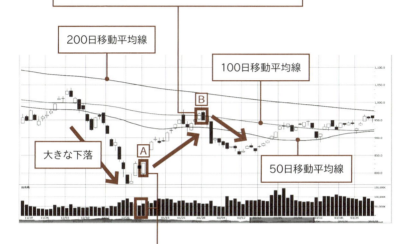

B 天井圏での包み足
天井圏で、陰線が陽線を包むかたちの包み足ができると、下落を意味するので、売りのサインとなる

A 陽線の大引け坊主
大きな下落のあと、前日よりも大きな出来高をつけた陽線の大引け坊主が発生しているので、上昇を意味します。しかし、このときの移動平均線はすべて下向きなので、短期的な上昇と見ることができる

3本の移動平均線がすべて下向きで、上から長期、中期、短期に並ぶ逆パーフェクトオーダーなので、中長期の下落トレンドであることを意味する

実践
02

5章　売買のタイミング　ケーススタディ

売買のタイミング②
グランビルの法則

チャートで見る買いのサイン

　ここではグランビルの法則（82ページ参照）を利用した売買の実践を紹介していきます。

　日経平均の日足チャートを見てみましょう（右図参照）。2018年末に世界的な株安の影響を受けて株価が急落しましたが、その後に反発しています。そしてA地点で陽線が25日移動平均線を上に突き抜けていることが確認できます。

　①の買いのサインでは、25日移動平均線が横ばいか上向きになったところで株価が25日移動平均線を超えたタイミングを買いのサインと考えているため、法則通りに動くのであれば、その後に**25日移動平均線が上向いてきたBの時点で購入**すればよいことになります。Cの直近の大底圏で下ヒゲのピンバーが出ていることも含めても、**Aで買いを入れてもよい**でしょう。

　②の買いのサインは、①の買いのサインのあとに株価が上向きの25日移動平均線を下回ったタイミングなので、Dにあたります。仮にDで買うとすると、翌日の株価が上昇して25日移動平均線を上回っているため、**Dは法則通りの押し目買いのタイミング**であるといえます。

　③の買いのサインは、上昇によって移動平均線から離れた株価が調整して移動平均線まで戻ってきたタイミングになるので、Eになります。調整したあとは、再び上昇しています。

146

グランビルの法則を使って買いを判断する例

〈日経平均 日足 2018年11月～2019年7月〉

① 買いのサイン
Aの陽線が移動平均線を上回ったあとに移動平均線が上向きになったBで買いを入れよう。直近の底値圏であるCでピンバーが発生したことから、Aで買いを入れてもよい

アイランドリバザール
GやFのように前後のローソク足と窓を開けて離れたところにあるローソク足のこと。トレンドの反転を示す

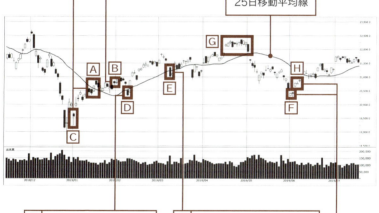

25日移動平均線

② 買いのサイン
①の買いのサインのあと、下向きの移動平均線を株価が下回ったDで買おう

③ 買いのサイン
上昇によって移動平均線を離れた株価が再び移動平均線まで調整してきたEで買おう

④ 買いのサイン
株価が移動平均線を極端に下回ったFで買うのもよいが、様子を見てFが完全なアイランドリバザールになったタイミングのHで買いを入れるのが望ましい

アイランドリバーサル

　④の買いのサインは、下向きの25日移動平均線から株価が極端に下に離れたFのタイミングですが、判断は難しいところです。しかしFのあと、株価は窓を開けて大きく上昇して、Fの部分が前後のローソク足と離れて離れ小島のような状態になっています。このようなチャート形状を「アイランドリバーサル」といい、トレンド反転の強いサインを意味するのです（Gもアイランドリバーサル）。したがって、実際の売買としては**アイランドリバーサルの完成を待ってから、つまりHの部分から買いを入れるのが望ましいでしょう**。

チャートで見る売りのサイン

　今度は反対に売りのサインを見てみたいと思います。例として日経平均の日足チャートを見てみましょう（右図参照）。

　①の売りのサインは、株価が天井をつけて横ばい、もしくは下向きになった25日移動平均線を株価が下に突き抜けたAが該当します。

　②の売りのサインは、①の売りのサインのあとに25日移動平均線を超えたタイミングなのでBです。

　③の売りのサインは、②売りのサインのあとに25日移動平均線まで株価が戻ってきたタイミングなのでCが該当します。その後、株価は下がっているのですが、この時点では25日線は横ばいから上向きになってきており、判断が難しいため、実際には再び25日移動平均線を下に突き抜けてきたDのタイミングで売り判断をしたほうがよいでしょう。

　④の売りのサインは、このチャート上では上昇して株価が移動平均線がから離れたところはわかりにくいですが、あえていうとするならば、Eの部分です。しかし、短期的に下落したあとすぐに株価を戻しているので判断も難しいですし、利食いのタイミングも難しいといえます。

148

グランビルの法則を使って売りを判断する例

〈日経平均 日足 2018年9月～2019年2月〉

① **売りのサイン**
株価が天井をつけたあと、横ばいまたは下向きになった移動平均線を下抜けたAで売る

③ **売りのサイン**
②の売りのサインのあとに株価が移動平均線まで戻ったCのタイミング。実際の判断は難しいため、再び株価が移動平均線を下回ったDのタイミングで売るのがよい

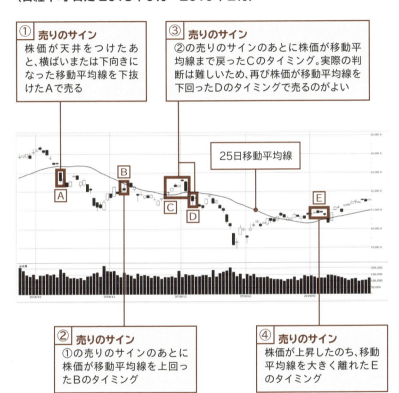

② **売りのサイン**
①の売りのサインのあとに株価が移動平均線を上回ったBのタイミング

④ **売りのサイン**
株価が上昇したのち、移動平均線を大きく離れたEのタイミング

実践
03

5章　売買のタイミング ケーススタディ

売買のタイミング③
調整を利用する

チャートが上放れしたらその理由を探る

　右上図はオイシックス・ラ・大地（3182）の日足チャートです。A
は出来高が普段の数倍に拡大して株価が急騰したタイミングで、ここか
ら株価の上昇トレンドが始まっています。このとき同社の決算が発表さ
れ、売上と利益が急激に拡大する内容だったことから買いが集まったと
いうわけです。

　株価が上放れたタイミングでは、ファンダメンタルズの理由が背景に
あることが多いので、このチャートパターンが発生したら株価が上昇し
ている原因が何かを確認しましょう。原因として考えられる事柄が、決
算発表による業績拡大など、材料が明確で長期的であるほど、強い買い
のサインとなります。

　次は日柄調整です。株はどのような上昇トレンドでも常に上がり続け
るということはなく、上昇している最中に必ず調整が入ります。

　通常は前述の値幅調整をするのが一般的ですが、その先に強い期待感
が持たれているときは日柄調整が入ります（118ページ参照）。

　右図の日経平均の日足チャートでは、Bが上昇トレンド途中の日柄調
整です。このときは世界的に株式市場が好調で、その後の年末年始にか
けて株価がさらに上昇していくとの期待感が持たれているときでした。

　このように上昇トレンドの最中に日柄調整があった場合は、基本的に
は強気の姿勢で買っていくとよいでしょう。

チャートパターンで売買する例

〈日経平均 日足 2018年9月〜2019年2月〉

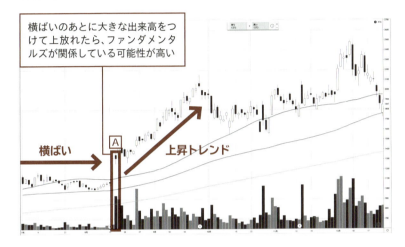

横ばいのあとに大きな出来高をつけて上放れたら、ファンダメンタルズが関係している可能性が高い

〈日経平均 日足 2017年9月〜2018年1月〉

上昇トレンドのなかの日柄調整。世界的な情勢なども判断するポイントに入れよう

値幅調整で押し目買いを狙う

　次は値幅調整です。116ページでも紹介しましたが、値幅調整は上昇トレンドがある程度続いて買う人がいなくなると、今度は売りたい人が多くなります。その売りたい人が売ると株価が下がり、つまり調整します。この値幅調整の最中で支持線となっている移動平均線を探りながら買いのポイントを見つけます。

　右上図のテクマトリックス（3762）の日足チャートを見てみましょう。株価が25日移動平均線よりも上昇したとき、何度も25日移動平均線まで株価が調整していることから、25日移動平均線が支持線となっていることがわかります。この25日移動平均線と株価に注目してみましょう。全体的に見ると、25日移動平均線も株価も上向きなので、上昇トレンドになっていることがわかります。よく見るとところどころで株価が25日移動平均線から離れて上昇し、そのあとに調整しています。この**調整したときが買いのポイントです**。

　何日の移動平均線がその銘柄に一番適合した移動平均線になっているかは銘柄によって異なりますので、過去の株価といくつかの移動平均線の組み合わせを見て、どの移動平均線がその銘柄にとっての支持線や抵抗線になっているかを確認するようにするとよいでしょう（56ページ参照）。

　右下図は、右上図から4年後のテクマトリックス（3762）のチャートです。右上図で25日移動平均線が支持線となっていましたが、4年後のチャートでも25日移動平均線に合わせて株価が何度も反発していて、支持線になっていることがわかります。このことから、テクマトリックスの支持線として見るのは25日移動平均線が最適といえるでしょう。

152

値幅調整で押し目買いをする例

〈テクマトリックス(3762)日足 2015年8月～12月〉

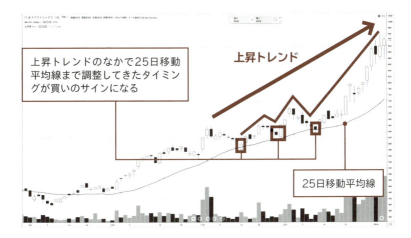

〈テクマトリックス(3762)日足 2019年4月～8月〉

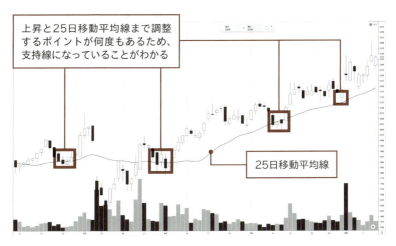

実践
04

5章　売買のタイミング ケーススタディ

売買のタイミング④
トレンドラインを引く

長期のチャートで確認しよう

　ここではカップウィズハンドル（120ページ参照）のチャートパターンを見ていきましょう。

　右上図はPR Times（3922）の日足チャートです。ローソク足に沿ってカップとハンドルが描けています。ハンドル部分の調整は少し長いですが、綺麗なカップのあとにハンドルを描き、高値ラインをAで上抜けたところから株価が急騰しています。このように綺麗なかたちの**カップウィズハンドルが出た場合には、その後に大きく上昇するケースがあるので強気で見てよいでしょう。**

　次に「ソーサーウィズハンドル」を紹介します。ソーサーウィズハンドルは、カップウィズハンドルよりもカップのかたちが浅い場合のチャートパターンのことを指します。ソーサーとはカップの下の受け皿のことで、浅いチャートが受け皿に似ていることからその名がつけられました。**ソーサーウィズハンドルは底値圏で発生することが多く、チャートパターン始まりが株価水準が割安な地点から始まることから、高値ラインを超えると大きく上昇するケースが多いです。**右下図はRS Technologies（3445）チャートですが、長いソーサー部分のあとに小さなハンドルができ、Bで高値ラインを超えたあとは大きな上昇となっています。

154

カップウィズハンドルとソーサーウィズハンドル

〈PR Times（3922）日足 2016年４月～2017年６月〉

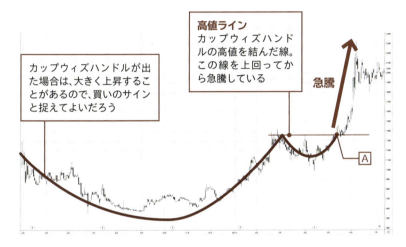

〈RS Technologies（3445）日足 2015年６月～2017年３月〉

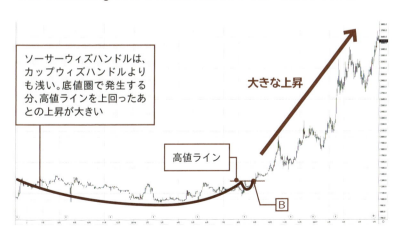

値動きの要因をファンダメンタルズで確認

　右上図は日経平均の日足チャートです。チャートのかたちがダブルトップになっているため、下落を示唆しています。また、移動平均線の向きにも注目しましょう。すべての移動平均線が下向きになっており、200日移動平均線を50日移動平均線が下に突き抜けるデッドクロスも発生しています。こうした**チャートのかたちや移動平均線の向きから見て、下落を示しているチャート形状であることがわかります**。この時期は、米中通商摩擦の影響から日本企業の業績が悪くなっていたことに加え、消費税増税が決定する方向で進んでいたことから株価が全体的に軟調となったというファンダメンタルズ的な背景があります。

　右下図はすかいらーくホールディングス（3197）の日足チャートです。チャートがトリプルボトムになっていて、ネックラインを超えたところからは株価が急上昇し始めています。また、その後に200日移動平均線を50日移動平均線が上に突き抜けるゴールデンクロスが発生している点からも強い株価推移を示すチャートであることがわかります。ここでの**買いのポイントは、ネックラインを超えたときか、ネックラインを超えたあとの200日移動平均線を株価が上に突き抜けたとき**になるでしょう。

　このようにローソク足のパターンやチャートパターンは、単体で利用するよりも、移動平均線や出来高などいくつかの要件と組み合わせて見ていく方が正確性が上がります。加えて、株価が変動した要因をファンダメンタルズの面から確認することも重要です。ファンダメンタルズの改善を伴った上昇であれば強い買いのサインとなりますし、ファンダメンタルズが悪化していくなかでの下落は強い売りのサインとなります。

ダブルトップとトリプルボトム

〈日経平均 日足 2016年６月～2019年８月〉

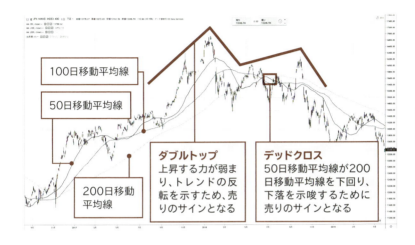

〈すかいらーくHD（3197）日足 2016年６月～2019年８月〉

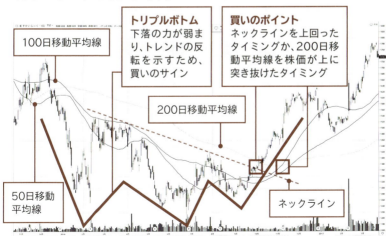

索引

アルファベット

PER ································· 13

あ行

アイランドリバーサル ········· 148
移動平均線 ················ 18, 32
上放れ ··························· 112
大引け坊主 ······················ 44
押し目買い ················ 98, 103

か行

下降ウェッジ ···················· 136
下降フラッグ ···················· 138
カップウィズハンドル ····· 120, 154
かぶせ線 ························· 48
空売り ······················· 86, 103
逆パーフェクトオーダー ····· 60, 144
切込み線 ························· 48
首つり線 ························· 48
グランビルの法則 ··········· 82, 86
ゴールデンクロス ················ 94

さ行

酒田五法 ························· 70
三角持ち合い ···················· 132
三空 ····························· 76
三山 ····························· 72
三川 ····························· 74
三兵 ····························· 78
三法 ····························· 80
支持線 ··························· 62
上昇ウェッジ ···················· 136

上昇フラッグ ···················· 138

た行

ダブルトップ ···················· 124
ダブルボトム ···················· 126
チャートパターン ················ 22
包み足 ··························· 46
抵抗線 ··························· 62
出来高 ······················· 18, 32
テクニカル分析 ···················· 26
デッドクロス ···················· 94
トリプルボトム ·············· 72, 156
トレンド ························· 90
トレンドライン ···················· 98

な・は行

ネックライン ·············· 72, 124
値幅調整 ························· 116
パーフェクトオーダー ······· 60, 96
はらみ線 ························· 46
日柄調整 ························· 118
ピンバー ························· 42
ファンダメンタルズ ·············· 12
ファンダメンタルズ分析 ········· 24
ブレイクアウト投資法 ············ 104
ヘッドアンドショルダー ····· 72, 128
ヘッドアンドショルダーボトム 130

ま・や・ら行

窓 ····························· 66
ヤレヤレ売り ···················· 122
ローソク足 ··················· 18, 30

■ 著者プロフィール

戸松信博 (とまつ・のぶひろ)
グローバルリンクアドバイザーズ株式会社 代表取締役

1973年東京生まれ。大学時代より早期に１億円を貯める方法を考える。 大手音楽会社に在籍中に中国市場の潜在性に着目し、中国株への投資を開始。それとともに、全国の個人投資家向けにインターネットを通して中国株の情報発信を続け、多くの投資家から"中国株のカリスマ"と呼ばれるほどのオピニオン・リーダーとなる。2001年に外資系証券会社傘下の投資顧問会社に取締役として移籍、2005年に同社を買収し、グローバルリンクアドバイザーズ株式会社に商号変更。現在は日本株、中国株、米国株など投資情報の発信やファンドを運営するとともに、各メディアで積極的に投資情報を発信している。フジテレビ「バイキング」などテレビ、新聞・雑誌出演・掲載多数。

■問い合わせについて

本書の内容に関するご質問は、下記の宛先までFAXまたは書面にてお送り
ください。なお電話によるご質問、および本書に記載されている内容以外の
事柄に関するご質問にはお答えできかねます。あらかじめご了承ください。

〒162-0846
東京都新宿区市谷左内町21-13
株式会社技術評論社　書籍編集部
「スピードマスター　1時間でわかる　株価チャートの読み方」質問係
FAX：03-3513-6167
URL：https://book.gihyo.jp/116

※ご質問の際に記載いただいた個人情報は、ご質問の返答以外の目的には使用いたしません。
　また、ご質問の返答後は速やかに破棄させていただきます。

スピードマスター
1時間でわかる　株価チャートの読み方

2019年11月14日　初版　第1刷発行
2022年 5月 5日　初版　第4刷発行

著者	戸松信博
発行者	片岡 巌
発行所	株式会社　技術評論社
	東京都新宿区市谷左内町21-13
電話	03-3513-6150　販売促進部
	03-3513-6160　書籍編集部
編集	伊藤 鮎
装丁デザイン	坂本真一郎（クオルデザイン）
製本／印刷	株式会社　加藤文明社
編集協力	花塚水結（株式会社ループスプロダクション）
本文デザイン	竹崎真弓（株式会社ループスプロダクション）
本文イラスト	植木三江
DTP	竹崎真弓（株式会社ループスプロダクション）、佐藤 修

定価はカバーに表示してあります。
落丁・乱丁などがございましたら、弊社販売促進部までお送りください。交換いたします。本書の一
部または全部を著作権法の定める範囲を超え、無断で複写、複製、転載、テープ化、ファイルに落
とすことを禁じます。

©2019　株式会社ループスプロダクション

ISBN978-4-297-10877-9　C2034

Printed in Japan